CRESÇA E ENRIQUEÇA

Cresça e enriqueça

1ª edição: Setembro 2024

Autor:
Douglas Araújo

Revisão:
Iracy Borges
Equipe Citadel

Projeto gráfico e diagramação:
Jéssica Wendy

Capa:
Rafael Brum

Impressão:
Plena Print

DADOS INTERNACIONAIS DE CATALOGAÇÃO NA PUBLICAÇÃO (CIP)

Araújo, Douglas
Cresça e enriqueça : os 10 segredos da prosperidade plena / Douglas Araújo. — Porto Alegre : Citadel, 2024.
192 p.

ISBN 978-65-5047-518-5

1. Autoajuda 2. Enriquecimento 3. Finanças 4. Desenvolvimento pessoal I. Título

24-4025 CDD - 158.1

Angélica Ilacqua - Bibliotecária - CRB-8/7057

Produção editorial e distribuição:

CITADEL Grupo Editorial

contato@citadel.com.br
www.citadel.com.br

DOUGLAS ARAÚJO

CRESÇA E ENRIQUEÇA

OS 10 SEGREDOS DA PROSPERIDADE PLENA

CITADEL
Grupo Editorial
2024

SUMÁRIO

O QUE ESTÁ A SUA VOLTA FOI VOCÊ QUE ATRAIU POR RESSONÂNCIA. SE ALGO NÃO MUITO BOM ACONTECE COM VOCÊ, COMECE A PRESTAR ATENÇÃO NO QUE ESTÁ VIBRANDO, PARA PODER ATRAIR ALGO MELHOR.

CRESÇA E ENRIQUEÇA – DOUGLAS ARAÚJO

PREFÁCIO

Imagine poder transformar sua vida financeira, começando com algo tão simples quanto vender abacates, e depois alcançar o seu primeiro milhão. Douglas Araújo fez exatamente isso e, em *Cresça e enriqueça*, ele compartilha generosamente o que aprendeu ao longo de sua jornada.

Douglas, um investidor e empreendedor social, trilhou um caminho notável. Ele não apenas acumulou riqueza, mas também desenvolveu um método prático e acessível para que outros possam fazer o mesmo. Neste livro, Douglas revela suas estratégias financeiras de maneira clara, direta e, acima de tudo, humana. Ele fala não apenas de ganhar dinheiro, mas de como superar crenças limitantes, administrar finanças de forma inteligente e viver com propósito.

O público-alvo deste livro é vasto: desde empreendedores e investidores que buscam aprimorar suas estratégias financeiras até profissionais em transição de carreira, jovens adultos iniciando sua jornada financeira e qualquer pessoa que deseja melhorar sua relação com o dinheiro. Douglas escreve para todos que sonham com uma vida melhor, mostrando que a prosperidade é acessível a todos nós, independentemente do ponto de partida.

O que faz deste livro uma leitura essencial é a abordagem holística de Douglas. Ele não apenas ensina a ganhar e multiplicar dinheiro, mas também a valorizar o que realmente importa: viver em plenitude, ajudar os outros e cultivar uma mentalidade de abundância. Cada página é um convite para sonhar grande e agir com inteligência.

Ao terminar este livro, você não apenas terá em mãos as ferramentas para transformar sua vida financeira, mas também a motivação para começar essa transformação agora. Não espere mais para dar o primeiro passo rumo à sua prosperidade. As lições de Douglas estão ao seu alcance – tudo o que você precisa fazer é aplicá-las.

Boa leitura e sucesso na sua jornada!

– Dr. Antonio Maspoli
São Paulo, inverno de 2024

AGRADECIMENTOS

Gostaria de agradecer a minha melhor amiga, com quem converso todos os dias, a minha confidente, a pessoa de quem tive o grande privilégio, dado por Deus, de nascer: minha doce mãe, Edileuza.

Ao meu saudoso pai, Miguel, que me ensinou educação financeira desde quando eu era criança.

Quero agradecer aos meus mestres, com quem tenho a honra de aprender sobre os tesouros da vida; gente que me aproxima mais de Deus, do próximo e da minha essência: Antonio Maspoli, Shmuel Lemle, Lanna Holder e Denise Gersen.

Agradeço também o prazer de conviver com meus familiares e amigos que sempre me apoiam em meus projetos.

E, por fim, a minha gratidão ao Eterno Criador, que me deu o fôlego de vida, que renova minhas forças a cada manhã e que me guia nessa jornada espiritual.

O PRIMEIRO MOMENTO DO DIA É A SEMENTE DO DIA. A SEMENTE DETERMINA A ÁRVORE TODA. AO ACORDAR, INJETE UM PENSAMENTO DE GRATIDÃO POR ESTAR VIVO E SEU DIA SERÁ ILUMINADO.

INTRODUÇÃO

Caro leitor, é com o coração cheio de amor que escrevi esse livro sobre crescimento pessoal e enriquecimento.

Após a minha autobiografia *Do abacate ao milhão*, passei a ministrar treinamentos sobre educação financeira, conjunto de palestras com dez horas de duração, a partir do que descobri o meu propósito de vida.

Então, desenvolvi um manual contendo segredos para prosperar, e em cada capítulo compartilho um nível de compreensão, porque não basta apenas falar para as pessoas economizarem e investirem: é preciso, antes, gerar uma mudança de mentalidade para que elas subam de nível.

As tuas experiências e os teus saberes te trouxeram até aqui, porém, para você viver a vida financeira desejada, são necessários novos conhecimentos e uma reprogramação mental.

O que proponho com esse método é despertar você para que, ao final do livro, tenha uma mente próspera e abundante que possibilitará planejar não apenas o seu primeiro milhão, mas tudo aquilo que você sonhou.

Hoje, o meu sonho é ser instrumento de desenvolvimento pessoal e financeiro para o máximo de pessoas que, de alguma forma, ainda não vivem o seu maior potencial.

Oro para que você leia esse livro de coração aberto, pronto a aprender e a viver algo novo.

Que você tenha uma excelente leitura!

1

PRIMEIRO SEGREDO

DINHEIRO FOBIA

A nossa relação com o dinheiro envolverá emoções, sentimentos, comportamentos e até o medo, que é o que eu chamo de *dinheirofobia*. Um teste bastante rápido com algumas perguntas pode nos dar um vislumbre de como você se relaciona com o dinheiro hoje. Por isso, quero que responda *com bastante sinceridade* às seguintes perguntas antes de prosseguir com a leitura deste capítulo.

– *Quando falamos em dinheiro, qual é a sua reação?*

Sente que o dinheiro é sujo

☐ sim ☐ não

Dinheiro gera ansiedade?

☐ sim ☐ não

O dinheiro causa desespero?

☐ sim ☐ não

Dinheiro é algo muito difícil de se conseguir?

☐ sim ☐ não

O dinheiro é coisa do diabo?

☐ sim ☐ não

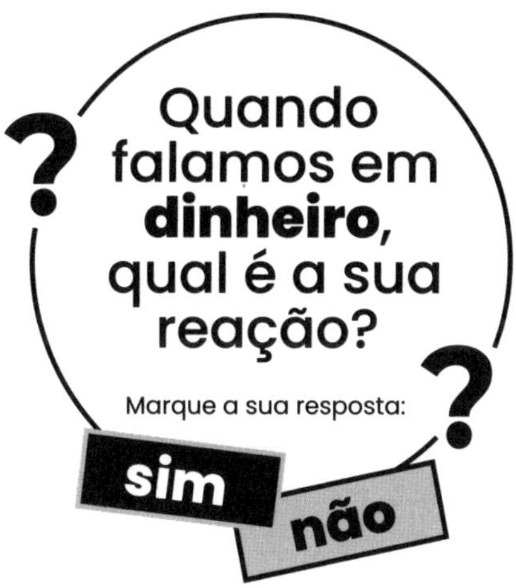

O dinheiro te dá uma sensação de culpa?

☐ sim ☐ não

Você dá valor ao dinheiro?

☐ sim ☐ não

No Brasil só é possível ficar rico roubando?

☐ sim ☐ não

Tem medo de errar, por isso não age?

☐ sim ☐ não

Acredita que não tem dinheiro por causa de outras pessoas do seu convívio?

☐ sim ☐ não

Acredita que o que você tem já é suficiente para você?

☐ sim ☐ não

Você acredita que merece ser milionário?

☐ sim ☐ não

Acredita que os outros precisam mudar?

☐ sim ☐ não

Quando algo começa a não dar certo, pensa que é sinal de que Deus não está no negócio?

☐ sim ☐ não

Você vive esperando um salvador para as suas finanças, como ganhar na loteria?

☐ sim ☐ não

O modo como organizamos o nosso pensamento expressa o mundo interior que temos e, consequentemente, como esse nosso mundo interior se expressa em vida (ou em morte), em abundância (ou em necessidades), em exuberância (ou em resignação) e assim por diante. Daí a importância de você saber e entender qual é a sua postura diante dessa questão do dinheiro, e foi isso que o exercício procurou mostrar, caso você ainda não tivesse refletido a esse respeito.

Eu tenho alguns amigos cuja vida parece ser bastante interessante, pois dizem ter uma vida de muita alegria; mas eles não têm dinheiro, porque só vivem com aquilo que chega até as suas mãos. Não conseguem aproveitar a vida intensamente, e eu acredito que todos nós podemos viver intensamente, além daquilo que vem até nós.

Mas temos que considerar que viver intensamente não é a mesma coisa que gastar imensamente. Se vivermos intensamente o amor, certamente não iremos gastar o amor; mas, quando se trata de dinheiro, não devemos viver como se o mundo fosse acabar amanhã, esbanjando recursos o tempo todo, pois eles podem se esgotar.

Há pessoas que dizem que irão comprar algo, e acrescentam: "Porque eu mereço". Pessoas que dizem isso geralmente estão se escorando em um discurso vitimista para pegar o pouco dinheiro que têm e gastar sem motivo inteligente. Essa pessoa encontra nesta afirmação "porque eu mereço" uma justificativa plausível, e pode até mesmo usar Deus ou o diabo para justificar o seu "merecimento". Essas são, então, associações errôneas que se fazem com o dinheiro. Pessoas assim gastam sem controle, compram o que não precisam, simplesmente porque "existe o merecimento".

O merecimento existe, sim, e eu acredito nisso. Mas não acredito do modo como muitas vezes ele é usado. Lembro-me do tempo quando eu só economizava, sempre fazia as minhas refeições em casa, de preferência na minha tia, para não gastar dinheiro fora com alimentação. Acontece que, antes de eu completar o meu primeiro milhão, o dia do meu aniversário era o único dia do ano em que eu saía para gastar. Eu me dava de presente esse "merecimento", mas antes disso eu fazia a lição de casa e não usava qualquer desculpa de "merecimento" para sair por aí gastando o que não tinha sido planejado. Eu não descontava os meus problemas emocionais nem de relacionamento em um tal "merecimento" ou na necessidade de gratificação instantânea como uma fuga emocional.

Eu acredito no merecimento quando ele é organizado, quando é pensado, mas não no merecimento espontâneo e sem noção, sem planejamento nem uma justificativa razoável. E para se chegar ao milhão, mesmo vindo de uma situação de extrema pobreza, como foi o caso da minha família, só tendo consciência e planejamento sério. A possibilidade de prosperar existe, mas não a partir do impulso sem planejamento. E é possível chegar à prosperidade com dignidade, sem roubar nem prejudicar as pessoas.

Para isso acontecer, a atitude mental precisa mudar, e isso é possível! Essa é a boa notícia. Por exemplo, pessoas simples costumam ter vergonha de agir corretamente dentro de uma situação de negociação, porque acreditam que negociar seja coisa para pessoas que estão bem na vida social e financeira. Se essa pessoa vende algo para um amigo ou parente, ou se presta um serviço, em seguida dá aquela *vergonhazinha* de cobrar pelo que fez, como se estivesse pedindo um favor para a pessoa que recebeu o serviço ou produto. A vergonha de cobrar nessas situações denota uma associação errada e uma postura negativa frente ao dinheiro e ao trabalho honesto.

Semelhantemente a isso, há pessoas com vergonha de falar em dívidas e sobre as contas da casa com o cônjuge, com quem se está em um relacionamento; sentem vergonha de tocar no assunto da divisão das despesas com a pessoa com quem vivem, porque temem parecer estar com alguma dificuldade financeira. As pessoas precisam entender que é normal enfrentarmos fases em que estejamos mais apertados financeiramente. Em geral vivemos assim mesmo. Alguns entram em um ciclo de altos e baixos, começam a ganhar dinheiro, depois se sabotam e no próximo período voltam ao ponto melhor, ganhando muito dinheiro e assim sucessivamente. A vida não é uma linha reta e as dificuldades também devem ser vistas como oportunidades para crescimento e prosperidade.

As características que inseri no breve questionário das páginas anteriores colecionei depois de ouvi-las ao longo da vida, ou lê-las nos livros ou cursos que fiz, e reuni tudo a fim de detectar o nível de relacionamento das pessoas com o dinheiro, se ele é positivo ou negativo. Quem mais se identificou com essas características, respondendo "sim", tem mais crenças limitantes em sua mente e elas precisam sair daí o quanto antes para abrir o seu caminho para a prosperidade.

A FORMAÇÃO DAS CRENÇAS

As crenças impregnadas na formação da cultura são informações inculcadas em nossa mente desde a infância. Quando ainda somos bem pequeninos, nossos pais transmitem-nos informações por meio de imagens, sons, sensações e por outros meios. Isso acontece de modo repetido ou por meio de fortes emoções durante toda a fase da nossa formação como pessoas.

Certa vez, enquanto eu dava um curso, uma das alunas que me assistiam disse que quando ela era criança a sua mãe trabalhava numa casa de família, e sempre voltava daquela casa com alguma queixa dos patrões. Os patrões dela eram ruins, eram gente arrogante. A mãe chegava em casa e dizia que a mulher jogava coisas de propósito no chão e a fazia limpar para humilhá-la.

A partir daquela experiência com forte emoção contida – pois se tratava de sua mãe –, como aquela menina cresceu? Cresceu pensando que pessoas ricas não prestavam, que eram arrogantes e humilhavam os pobres!

Assim, a partir daquela informação recebida na infância, ela desenvolveu uma crença, mas uma *crença limitante.* Toda informação que recebemos ao longo da vida, seja ela verdadeira ou falsa, se consolida em nós como uma *crença.*

Ela acreditou passou a vida inteira com rejeição a pessoas ricas, porque a sua mãe passou essa informação a ela ou porque ela interpretou a experiência de sua mãe daquela maneira. Por azar, aquela mulher trabalhou numa casa de ricos arrogantes. Mas será que somente os ricos são arrogantes? Claro que não. Você conhece algum pobre arrogante? Eu conheço muitos e diria que, das pessoas que conheço e que são arrogantes, a maioria delas é pobre, não rica.

Uma crença é uma informação inculcada em nossa mente, e a origem pode ser variada, mas ela vem do ambiente que frequentamos. Quando alguém cresce em um ambiente de muita pobreza, as informações recebidas ali serão diferentes das informações recebidas em um ambiente de quem nasceu e cresceu em outro lugar, em um ambiente privilegiado, por exemplo.

O ambiente influencia, impregna em nós o que ele tem. Dependendo da situação e das condições, chegará um momento em que a pessoa achará que a pobreza é algo normal, quando na verdade não é. No entanto, a força das informações do ambiente em que ela está inserida a faz pensar assim, formando e consolidando nela essa crença limitante.

RELIGIÃO X ECONOMIA

Há muitos casos em que a questão da pobreza brota de falas de pessoas durante a infância, pessoas como os próprios pais, tios ou avós, que reproduzem aquilo em que eles creem sobre o dinheiro, tendo eles mesmos sido influenciados negativamente por diferentes meios que frequentaram e que formaram crenças limitantes em suas mentes.

Como estamos falando de crenças, é natural que a religião que a pessoa frequenta influencie a visão que ela tem sobre o dinheiro. Os judeus têm uma relação com o dinheiro de um jeito, e é uma relação positiva; já o muçulmano também se relaciona com o dinheiro, mas de outro modo. Se o sujeito é cristão, isso mudará a sua relação com o dinheiro, e há variedade de cristãos. O católico, por exemplo, tem um pensamento sobre o dinheiro, e o protestante vê o dinheiro de outro modo, mesmo ambos sendo cristãos.

A relação do judeu com o dinheiro é muito bacana e eles são prósperos. Os judeus detêm boa parte das grandes empresas. Nos Estados Unidos é assim. O Islã também tem uma relação saudável com o dinheiro, especialmente os muçulmanos do Golfo, onde o petróleo é a base da riqueza daqueles países.

E o cristão? A maioria de nós, brasileiros, é cristã, seja católico ou protestante. No catolicismo se valoriza a abnegação e, de certo modo, entre alguns, a pobreza. Há votos de pobreza feitos pelos clérigos nessa religião. Quem se identifica com isso verá aí uma virtude, um bem a ser desenvolvido. Mas há outras linhas do catolicismo que não seguem essa ideia à risca.

O protestantismo nasce mais ou menos na mesma época em que surgiu o capitalismo, tanto que as pessoas brincam perguntando quem fez o protestantismo. Foi o capitalismo que fez o protestantismo ou foi o protestantismo que fez o capitalismo? Assim, eles têm uma relação diferente do católico quando o assunto é o dinheiro, mas às vezes é uma relação meio distorcida.

Então, por esses exemplos, observe como a influência do ambiente, incluindo o religioso, está em diferentes lugares. E as sensações que nós temos irão influenciar a nossa relação com o dinheiro.

CRENÇAS DE ESCASSEZ

Quando éramos crianças, a gente não tinha filtro nem repertório suficiente para analisar a verdade nas informações que recebíamos. Se aprendêssemos aquelas coisas hoje, iríamos analisar de modo diferente e teríamos outro conjunto de crenças orientando as nossas atitudes.

Tudo o que entra na cabeça de uma criança ela absorve, e faz isso através do que ela vê, ouve e sente. E tudo o que absorve entra em sua mente como uma verdade absoluta, como crenças que determinarão os comportamentos e o resultado que aquela pessoa terá naquilo que fizer no futuro (muitas vezes para a vida toda).

Certamente, quando você marcou um X em determinadas respostas do questionário, isso teve relação direta com as informações, sensações, experiências e dados dos ambientes que você recebeu durante a infância e assimilou como verdade absoluta.

Se parar para pensar e refletir sobre o ambiente dos seus pais, de sua família e demais lugares que frequentou, pessoas com quem se relacionou e o modo como o dinheiro era tratado ali, verá que há algum resquício em sua vida e em suas crenças que hoje guiam a sua vida. É assim que se formam as crenças de escassez na maioria da população, porque o indivíduo foi formado à base das famosas *crenças limitantes*.

Todos nós temos crenças limitantes e é nosso papel removê-las do nosso caminho. Quanto menos crenças limitantes tivermos, maiores seremos! Expandiremos a nossa vida à medida que as substituirmos por crenças elevadas e padrões superiores.

Nós podemos achar que merecemos coisas e mesmo assim limitarmos as crenças. Por exemplo, eu tinha uma crença limitante sobre conforto. Eu pensava que não merecia conforto algum. Assim, eu sempre comprava tudo mais barato. Quando comprava uma geladeira, era a mais barata. Quando ia me hospedar em um hotel, ficava no mais barato. Isso era a crença limitante que me levara a pensar que eu merecia, mas merecia o pior de cada coisa que adquirisse. E eu pensava assim até depois de ter conquistado o meu primeiro milhão.

O REAL E O IMAGINÁRIO

Há pessoas que não conseguem distinguir o real do imaginário, porque o nosso cérebro trabalha assim. Quando se crê de tal maneira, quando se está convencido de que algo é de determinado modo, mesmo tendo provas científicas do contrário, a pessoa ainda fica inclinada àquilo que ela crê, ao que imagina ser real, quando ainda está no campo da imaginação, ou mesmo no da superstição.

Por exemplo: a pessoa teve experiências negativas desde a infância, passou por privações, e ela e a família sempre conseguiram as coisas com muito sacrifício; então, para essa pessoa, a vida sempre será uma labuta constante. Para ela, sempre será preciso fazer um esforço muito grande para conseguir dinheiro e superar o estágio em que se encontra.

Aquilo em que você acredita se torna real em sua vida, porque o cérebro não distingue o real do imaginário. Quando faço uma meditação guiada com meus alunos, peço para se imaginarem indo até a geladeira de suas casas, pegando um limão e depois uma faca. Peço que se imaginem cortando o limão e em seguida espremendo o limão em suas línguas. A maioria chega até a salivar, porque o cérebro não distingue o real do imaginário e ele trabalha em cima de imagens que formamos.

REPROGRAMAÇÃO DAS CRENÇAS

A boa notícia é que nós podemos "confundir" o cérebro, reprogramar as crenças limitantes e transformá-las em crenças de abundância para que você prospere.

Uma pessoa com vida de carência produzirá o quê? Mais carência. Uma pessoa que vive com muito trabalho o tempo todo, o que ela produzirá? Ela se manterá ocupada o tempo todo. Essas pessoas irão criar mais do mesmo. Todo pensamento e sentimento que semearmos, nós os colheremos. A sabedoria da Bíblia já diz isso há muito tempo. "Pois o que o homem semear, isso também colherá" (Gálatas 6.7, *NVI*).

De acordo com o modo como pensamos no dinheiro (difícil de conseguir, sujo, pecaminoso etc.), é assim que nossos pensamentos e emoções em relação a ele projetarão nossas ações nessa área.

Se são esses pensamentos que habitam a sua mente, é isso que você irá colher. E é isso que você colhe. Por isso, precisamos reprogramar o nosso padrão, pois, se uma pessoa não reprogramar a sua mente, ela ficará no mesmo estágio e, até que tenha alguma mudança profunda e duradoura, continuará no mesmo padrão de vida.

Somente quando mudamos o nosso mundo interior vemos resultados diferentes em nosso mundo exterior.

AS CRENÇAS SÃO COMO ÍMÃS

A crença acaba se tornando um ímã. De acordo com a natureza da semente que você planta, em sentimentos, emoções e pensamentos, você irá colher isso em sua vida. Não há como plantar semente de uma natureza e esperar colher semente de outra natureza.

E considerando que as crenças se formam com as informações que recebemos, e as informações podem vir por meio de imagens, emoções, sensações e palavras que formam novas imagens em nossa mente, fica claro que o nosso vocabulário tem uma importância significativa em nossas ações, nossos comportamentos e nos resultados que obtemos. Note pessoas que só reclamam, que não elogiam, que não agradecem, que só falam mal dos outros, que são negativistas; elas não saem disso, não rompem essa bolha e não prosperam. Ficam vendo os outros prosperarem, mas elas mesmas não saem desse estado de coisas horrível e indesejável.

Precisamos aprender a falar palavras bonitas, boas, alegres, palavras de riqueza, de prosperidade, e coisas boas sobre o dinheiro. Fale sobre dinheiro com a boca cheia e mude a sua comunicação, pois ela representa o seu estado interior. Pelo mundo da comunicação, a partir do seu mundo interior, você começa a mudar as coisas de dentro para fora e o resultado irá aparecer diante de seus olhos.

Não repita insistentemente que você só consegue as coisas parcelando, fazendo um crediário, dividindo até a conta do mercado. Vamos lá! Mude o vocabulário e passe a experimentar outra vida para você!

"O que sempre temi veio sobre mim, o que tanto receava me aconteceu."

(Jó 3.25 - NVT)

As religiões são bem-sucedidas porque levam as pessoas a crerem em algo como absoluto e inquestionável. A crença é uma verdade absoluta. Isso serve também para as crenças internas que a gente tem relacionadas ao dinheiro. Então, tenha crenças positivas e de prosperidade, porque se você crer em coisas negativas, elas também irão acontecer.

O medo também cria realidades que não desejamos. A gente vê isso na história de Jó, o personagem da Bíblia. Ele passou por várias situações negativas que ele não desejava. Mas o que diz a Bíblia em Jó

3.25? Diz que Jó criou a realidade negativa que ele não queria, que ele tinha medo de acontecer. Como? Com o medo de que aquilo acontecesse... e aconteceu mesmo!

A pessoa vive dizendo que tem medo de a sua riqueza acabar, medo de os filhos morrerem, medo de ficar doente. Uma hora isso acaba criando a sua própria realidade. É como dizer: "Quando eu tiver dinheiro, eu pago a dívida". Essa é uma crença limitante e a pessoa nunca terá dinheiro para pagar a sua dívida.

Outra crença limitante muito usada pelas pessoas para justificar o fato de elas não conseguirem poupar é: "Ah, quando eu tiver dinheiro sobrando eu começo a poupar ou a investir". Nunca teremos dinheiro sobrando. Poupar e investir dependem de planejamento e economia. Essa é, portanto, outra crença limitante.

CRENÇAS DE ABUNDÂNCIA

Em geral, quem pensa em prosperar, pensa e planeja trabalhar por conta, como autônomo ou abrindo uma empresa. Isso dependerá do que a pessoa quer fazer, do ramo de negócios em que ela pretende atuar. Em todo caso, ela precisará ter um CNPJ e potencializar suas vendas, porque tanto o produtor quanto o prestador de serviços vendem alguma coisa a alguém. Eu quero ensinar a potencializar suas vendas dez vezes mais, independentemente do que você estiver vendendo!

Também quero levar você a aprender a ganhar dinheiro, a poupar e a viver de renda. Se possível, você poderá aprender a construir um imóvel e ganhar dinheiro também com locação.

Tudo começa, como já disse na introdução, adquirindo a consciência das crenças limitantes, identificando quais são e admitindo que, mesmo sem saber, você as tinha aí. Esse é o primeiro passo, a aceitação dessa situação e o entendimento de que essa forma de viver não é o melhor que existe para você; há um jeito melhor de fazer as coisas darem certo a seu favor.

Em seguida, depois de tomar essa consciência, é preciso reprogramar as suas crenças, rompendo com o ciclo dos bloqueadores da prosperidade, os bloqueadores da riqueza, percebendo quais são as barreiras que impedem a sua riqueza.

Tudo de bom, tudo de inteligente, tudo de sábio e de melhor para a vida vem da força suprema, vem de Deus, vem da luz. Toda descoberta que existe já foi descoberta antes lá em cima. As descobertas da medicina, das ciências, da tecnologia, que a gente ainda não conseguiu acessar, já estão realizadas e ainda chegará o dia em que teremos acesso a elas, e teremos cura, solução para os problemas humanos e prosperidade para todos.

As crenças limitantes, crenças de escassez e coisas assim só produzirão resultados dessa mesma natureza, só produzirão mais do mesmo. Quem planta escassez, carência e limitações vai colher o quê? Mais escassez, mais limitações e mais carências.

ELIMINANDO A CULPA PELAS POSSES

O mesmo acontece com a questão da culpa e do merecimento com pessoas que começam a prosperar e a desfrutar de algum bem adquirido honestamente e com o próprio esforço. Há pessoas que têm crenças que interferem no seu bem-estar; por exemplo, quando recebem um aumento salarial, uma bonificação ou prêmio, elas pensam: "Será que eu mereço mesmo esse salário, esse aumento?". É a relação do merecimento e da culpa. Então, o sujeito tem o seu aumento de rendimentos, recebe o dinheiro e quando assiste na televisão sobre a situação na África ou mesmo no Brasil, como no Nordeste, bate aquele sentimento de culpa por ter o seu bom emprego, por ter acesso a alguns bens que a maioria das pessoas não tem.

Eu já me senti mal com uma crença dessas. Quando recebi uma herança do meu pai, fiquei mal com isso. Lembro que saía para as baladas em um carro importado, conversível, e passava pelas pessoas na rua sem ter onde morar, me sentia culpado e ficava mal. Eu me divertia a noite toda, mas aquilo acabava com a minha noite. Mas depois fui aprendendo e trabalhando todas essas crenças.

Por exemplo, eu aprendi a equalizar as coisas para reparar essa sensação. Eu tinha ganhado muito dinheiro, então pensei: "Vou fazer alguma coisa". Foi quando criei a ONG Sementes do Amanhã. Ela surgiu como uma forma de ajudar mais pessoas, de fazer de mim uma pessoa útil, de me livrar de ser alguém que só gastasse comigo mesmo, já que tive essa oportunidade de ser herdeiro. No mundo todo isso acontece, como quando nasce uma pessoa na Noruega e outra na África do Sul: ambas são pessoas, mas estão em contextos completamente diferentes. Há explicação para isso também, mas não entrarei nesse mérito.

Então, para reparar essa sensação que eu tinha, a questão do merecimento e da culpa, que eu tinha a oportunidade e o outro não, criei a ONG. Assim, de tudo que ganho, eu ajudo com 10% do meu ganho, dando isso para o outro, para terceiros. Essa atitude do dízimo é algo muito sustentável e inteligente, porque você retira do que ganha e dá para o outro ter a sua situação equilibrada. Isso não tem a ver com igreja ou religião. Como é percentual, 10% independentemente do que a pessoa recebe, é igual para todos e não prejudica quem dá.

Hoje eu deito a cabeça e durmo. Aquela sensação ruim que eu tinha acabou, e quando quero comprar uma coisa, eu compro, não deixo de comprar por causa do outro que não tem. Posso deixar de comprar mais por falta de merecimento meu, mas não por causa do outro, porque em relação a ele tenho plena consciência de estar fazendo a minha parte. Isso é a equalização dessa situação de não merecimento e culpa por causa de terceiros.

Assim, eu trabalho a gratidão em mim pelo que tenho, reconhecendo que aquilo é fruto dos meus esforços, e expresso minha gratidão a Deus porque tenho a capacidade dada por ele. Eu entro no fluxo da gratidão, que também é o fluxo da prosperidade. Quem faz serviço voluntário não precisa doar somente dinheiro, pois hoje se valoriza muito os serviços voluntários, que é uma cultura que vem dos Estados Unidos. Hoje, até para contratar profissionais alguns recrutadores em Recursos Humanos olham no currículo do candidato se ele tem algumas horas de trabalho voluntário. Talvez seja essa uma das razões por que os Estados Unidos estejam mais prósperos que o Brasil.

Por isso digo que tudo o que a gente vê, ouve e sente se torna crença, e crenças se tornam verdades absolutas. E, partindo do princípio de que toda crença retorna para nós, ela é autorrealizável, de modo que é importante substituirmos essas crenças limitantes por crenças possibilitadoras.

Há diversas histórias de pessoas que ganharam muito dinheiro em loterias da Caixa ou prêmios no *Big Brother*, mas em seguida ficaram pobres novamente. O que houve? Não mudaram a sua cabeça, o seu *mindset*, a parte interior de seu ser; o resultado, infelizmente, foi o pior possível, porque suas crenças foram mantidas. Mesmas crenças, mesmos resultados.

Bem, introdutoriamente esse panorama é para o leitor ter um vislumbre dos problemas que as pessoas em geral enfrentam e como eles influenciam a vida e os resultados que elas desejam alcançar, mas que não conseguem, permanecendo nas mesmas posições por anos.

Mente de escassez

- Escolhe o sofrimento
- Preso a memórias de sofrimento
- Potencializa as perdas
- Foco no problema
- Estagnado
- Baixa autoestima
- Terceiriza a culpa
- Não se sente merecedor
- Tudo o que ouve gera desconfiança
- Interpreta a vida como algo terrível

Mente de prosperidade

- Escolhe a graça
- Motivado pelas memórias de superação
- Ressignifica os problemas
- Foco em soluções
- Age apesar do medo
- Estima por si mesmo
- Assume as responsabilidades
- Filantrópico
- Aberto aos desafios
- Interpreta a vida cheia de oportunidades

Para se lidar com dinheiro e com prosperidade, que é uma situação nova para muita gente, são necessários novos pensamentos, novas crenças, novo modo de pensar (o *mindset* vencedor).

E é isto que me proponho a ajudar você a fazer: ter uma nova postura, um novo modo de pensar o dinheiro e a prosperidade, pois sei que somente assim se poderá prosperar e lidar com o dinheiro responsavelmente, para que ele dure, aumente, dê felicidade a você e às pessoas à sua volta.

NÃO SE MISTURE COM QUEM VOCÊ NÃO SERIA. SOMOS FEITOS DE ENERGIA, E ENERGIA CONTAGIA. VOCÊ TEM QUE SE CERCAR DO QUE VOCÊ QUER SER.

2

SEGUNDO SEGREDO

IDENTIFICANDO O SEU NÍVEL DE CONSCIÊNCIA

Dado o primeiro passo, reconhecemos as crenças limitantes, especialmente sobre dinheiro. A maioria das pessoas nem percebe as próprias crenças, e isso é impeditivo da prosperidade delas. Daí a importância de perceber as crenças e admitir o quanto você pensava errado; é natural que as pessoas pensem que estão fazendo tudo certo e ninguém admita que leva a vida de maneira errada. Mas chega uma hora em que é preciso romper isso.

Feita a identificação das crenças, podemos avançar em nossa jornada de autoconhecimento e identificar o nosso nível de consciência. A tônica que norteará este capítulo será identificar o nível de consciência em que você se encontra hoje.

O nível de consciência que uma pessoa tem é fator determinante para a quantidade de prosperidade que ela terá, independentemente da profissão ou do ramo de atividade dela.

Repito: isso independe da profissão ou do ramo em que a pessoa esteja inserida. Há pessoas em boas profissões ou em segmentos que estão bombando no momento, mas nem por isso elas estão ricas nem irão enriquecer e prosperar num futuro próximo. Não é difícil encontrar pessoas com profissões sem *glamour* e sem prestígio, mas com a vida muito bem resolvida financeiramente, inclusive quando comparada com a vida de profissionais que estudaram muito, como médicos, advogados e engenheiros.

A prosperidade de uma pessoa e o grau de acúmulo de riqueza que ela alcança dependerão do nível de consciência que ela tem.

Existe uma escala que determina níveis de consciência. Ela parte do 1 e vai até 1.000, e nessa escala estão todos os níveis de consciência. Quem desenvolveu essa escala foi David Hawkins, PhD, professor e autor do livro *Poder versus força – os determinantes ocultos do comportamento humano*, resultado de uma pesquisa que durou cerca de trinta anos e estudou milhares de pessoas.

A escala tem níveis inferiores e níveis superiores. Os níveis inferiores agrupam a região ou área das emoções, e qualquer um de nós pode variar de nível, porque pode acontecer de nossas emoções mexerem com o nosso estado de espírito e comportamento.

ESCALA DAS EMOÇÕES

	Nível	Escala de energia (em hertz)	Emoção	Processo	Visão de vida
PODER	Iluminação	700-1.000	Inefabilidade	Consciência pura	Ser
	Paz	600	Felicidade	Iluminação	Perfeição
	Alegria	540	Serenidade	Transfiguração	Completa
	Amor	500	Reverência	Revelação	Benigna
	Razão	400	Compreensão	Abstração	Significativa
	Aceitação	350	Perdão	Transcendência	Harmoniosa
	Vontade	310	Otimismo	Intenção	Esperançosa
	Neutralidade	250	Confiança	Liberação	Satisfatória
	Coragem	200	Afirmação	Empoderamento	Viável
FORÇA	Orgulho	175	Dignidade	Inflação	Exigente
	Raiva	150	Ódio	Agressão	Antagônica
	Desejo	125	Anseio	Escravização	Decepcionante
	Medo	100	Ansiedade	Retirada	Assustadora
	Dor	75	Lamento	Desânimo	Trágica
	Apatia	50	Despeito	Abdicação	Sem esperança
	Culpa	30	Culpa	Destruição	Condenação
	Vergonha	20	Humilhação	Eliminação	Miserável

VERGONHA

Para identificar qual é o nível em que você está, é preciso identificar os traços conforme se apresenta na escala. O nível mais baixo é o da vergonha. A energia da vergonha atrai mais experiências de vergonha. A pessoa que se sente envergonhada vive experiências desse tipo e acaba tendo uma vida de baixa autoestima e pensamentos paranoicos. Ela passa a não se aceitar, vive se escondendo, se comparando às outras pessoas e costuma ser tímida. A energia dela é muito baixa e, segundo o dr. David Hawkins, vibra entre 1 e 20 hertz, que é a unidade de medição da energia. O dr. David Hawkins diz que a maioria da população mundial, 85% das pessoas, vive abaixo de espantosos 200 hertz! É muito baixo.

CULPA

O segundo estado é de culpa, um passo acima da vergonha, mas a pessoa ainda pode ter pensamentos bastante negativos. Nesse estado, ela é incapaz de se perdoar pelas transgressões que cometeu no passado. Há pessoas que vivem com culpa o tempo todo, pois erraram no passado e carregam culpa pela vida toda. E esse passado às vezes não está tão distante. Mesmo para quem é religioso, essas pessoas pedem perdão a Deus, Deus as perdoa, mas elas mesmas não se perdoam. Essa situação é bastante comum e nos dá uma ideia de que a pessoa, para pensar a respeito de dinheiro, perdoar-se e começar a viver sem culpa, deve subir na escala. Se esse for um sentimento ou emoção predominante em sua vida, preste atenção a isso. Se permanecer assim, você vibrará muito embaixo e com tristeza, com a energia muito fraquinha.

Esses níveis de energia muito baixos não permitem às pessoas conseguirem produzir prosperidade. Uma pessoa com extrema timidez, uma pessoa que vive com vergonha de tudo não produzirá prosperidade, porque até para ir a uma entrevista de emprego ela tem dificuldade, sente vergonha de pedir favores e vergonha de conversar. É preciso romper com isso. A culpa vibra com 30 hertz de energia, então, essa pessoa não tem força para lutar por alguma coisa boa.

APATIA

O terceiro estado de consciência é o de apatia, que equivale a 50 hertz de energia. Uma pessoa apática é caracterizada por pobreza, desespero, desesperança. O mundo e o futuro para ela são muito ruins e a pessoa se torna muito negativa. O futuro é incerto e ela tem medo dele o tempo todo. Pessoas assim se sentem desamparadas e vítimas da sociedade. Uma pessoa apática é aquela de quem se diz que é a coitadinha, e sobre os problemas da sua vida, geralmente os culpados são os políticos, os parentes, o ex, todos, menos ela. Mas saiba que Deus é o Criador e ele fez o mundo inacabado para nós cocriarmos juntamente com Ele. Nosso lugar, o lugar que temos que assumir, é o de cocriadores com Deus.

As pessoas que estão no terceiro nível de consciência, as apáticas, não conseguem viver plenamente, mas permanecem em uma vida de escassez.

TRISTEZA OU DOR

O quarto estado de consciência, que mede as emoções, é a emoção da tristeza ou dor. Esse estado vibra a 75 hertz de energia. Essa tristeza é um estado perpétuo, não é aquela situação em que a pessoa se sente simplesmente triste. Não, ela vive na tristeza, está mergulhada no sofrimento.

Há pessoas que vivem um aparente luto perpétuo. Se sofrem a perda de emprego, um acidente, o fim de um relacionamento, elas podem ter começado com esses problemas, mas fazem disso o seu estado permanente de tristeza e de sofrimento pelo resto da vida.

Reclamar é o mesmo que clamar por algo negativo.

A pessoa que costuma reclamar atrairá mais do mesmo. Uma pessoa que está no estado de vergonha atrairá mais situações de vergonha para si. A vida dela será de vergonha. Acontecerão várias coisas com ela, mas todas as coisas serão de vergonha. Uma pessoa que está no estado de culpa atrairá mais situações para se sentir culpada. O tempo todo ela ficará nessa situação, pedindo desculpas por tudo, porque se sente culpada.

Não peça desculpas o tempo todo por tudo o que fizer. O pedido de desculpas é para ser usado quando reconhecemos um erro que cometemos, mas não por estar vivendo e tentando acertar.

Nós atraímos pessoas, eventos e circunstâncias no mesmo nível de energia em que estamos. Dizem que não atraímos quem a gente quer.

Por exemplo, pessoas que querem ter um relacionamento determinado e dizem "Ah, eu quero alguém assim e assado" acabam não atraindo quem gostariam de ter ao seu lado. Nós atraímos pessoas iguais a nós, no mesmo nível de energia que temos. Isso serve para casamentos, relacionamentos, amizades, sociedades, para tudo.

Nós somos a média das cinco pessoas com quem mais convivemos. Eu percebo que fui mudando os níveis dos grupos de amizade que tive ao longo da vida, bem como os lugares que frequentei. Conforme mudamos a energia, mudamos os ambientes e mudam as pessoas da nossa convivência. Eu voltarei ao assunto de como elevar o nível de energia.

MEDO

O quinto nível de energia é o do medo. A pessoa com medo vê o mundo como um lugar perigoso, inseguro, ameaçador, e ela vive preocupada, paranoica, o que vale até para relacionamentos. Ela se submete a relacionamentos abusivos, porque carrega o medo de sair desse relacionamento e piorar as coisas para o seu lado. Ela não tem consciência da possibilidade de melhoria e não sabe sequer sair dessa relação abusiva, pois tem medo. Por isso, não é tão fácil se livrar disso e há certos estados de consciência em que a pessoa irá precisar de apoio psicológico.

A religião, quando é séria e responsável, ajuda a vencer e a superar questões como vergonha e culpa, apatia e sofrimento. Mas quando se entra no campo do medo, acredito que é bom buscar a ajuda da psicologia.

O medo limita o crescimento individual, limita a expansão da sua personalidade, inibe você de ser quem é verdadeiramente e de liberar o seu potencial. Há pessoas que têm medo até do que os outros irão pensar delas, daí que sequer conseguem iniciar algo novo em suas vidas.

O estado de consciência do medo vibra em 100 hertz, e eu faço questão de mencionar esses níveis de energia, porque a prosperidade tem uma vibração específica. Ela vai vibrar de acordo com a Terra. A Terra tem uma energia e uma frequência específicas e nós vamos descobrir qual é ela e como a Terra funciona, que é onde as coisas fluem, como também a prosperidade flui com maior facilidade.

Devo dizer que as pessoas que vivem nesses níveis que tenho tratado até aqui levam uma vida muito pesada e enfrentam dificuldades até para ter coragem de viver. Pessoas nessa faixa energética são aquelas de que falei anteriormente, que associam a aquisição de riqueza e prosperidade ao sofrimento, às dificuldades. Para uns o dinheiro é coisa do diabo, a riqueza é coisa de gente orgulhosa e arrogante. Para mim, o dinheiro é motivo de alegria, é sinônimo de conforto, é algo de Deus, tem relação com a espiritualidade saudável, e está relacionado às novas crenças positivas que adquirimos.

COBIÇA OU DESEJO

O sexto nível de consciência é o da cobiça, e ele vibra em 125 hertz. As pessoas que vivem nesse estado de emoção têm desejos incontroláveis, suas vontades são incontidas. Eu costumo dizer para meus amigos que vou fazer tudo em minha cabeça. Tudo o que eu desejo brota primeiro em minha mente.

Tem pessoas que dizem: "Faça o que o seu coração está mandando". É preciso ver isso direito, porque o coração tem dois lados, dois lóbulos, o bom e o mau – isso falando metaforicamente, como se aprende na Cabala. Tem o lado do bem e o lado do mal, o lado do ego e o lado da alma. Então se pergunte: esse desejo está vindo do ego ou está vindo da alma?

Quando temos algum desejo, quando sentimos alguma vontade, uma forma de saber de onde está vindo isso é entendendo se esse desejo leva você a receber coisas somente para si mesmo. Quando acontece isso, o ego é que está desejando. Gratificação imediata é coisa do ego. Quando vem da alma, brotam coisas mais nobres, e mesmo que seja algo que se está fazendo para você, isso irá beneficiar mais pessoas, e tem a ver com questões éticas.

Esse sexto nível de consciência é de vícios, de desejos incontroláveis, luxúria por dinheiro, por aprovação, e nele estão as pessoas que vivem buscando aprovação, que é algo do ego. Pessoas buscando aprovação e aplausos, poder, fama, consumismo. E é comum vermos pessoas que estão tristes irem às compras a fim de ficarem alegres. Isso quer dizer que não estão fazendo ações no nível de consciência, pois estão na escala baixíssima. Assim, num nível de consciência não muito bom, a pessoa pratica coisas sem pensar, sem planejar, sem se programar, e muitas vezes compra o que não precisa: como irá prosperar quem está nesse nível?

Essa é a zona dos vícios comportamentais. O desejo de pessoas nessa região tem a ver com acumulação. A pessoa que só acumula é gananciosa, o que é diferente da ambiciosa. A ganância, a acumulação, quer só para si, e isso é diferente da ambição. A ambição é querer crescer, é querer mais, ganhar mais, mas não só para si. A pessoa que tem ambição enxerga a si dento de um todo, entendendo a necessidade de ajudar e de compartilhar o que alcança com mais pessoas. Ela sabe que as suas conquistas poderão beneficiar mais pessoas, e precisamos entender essa diferença.

O desejo no campo da cobiça é insaciável, porque é um campo energético contínuo. O desejo dentro do setor do vício é igual a um buraco negro, que suga, suga, suga tudo para si, e quer mais, mais, mais e mais. Nunca fica satisfeito. Quando começa a ficar satisfeito, logo é substituído pelo desejo de outra coisa e nunca tem um fim.

Esses vícios podem incluir as compras compulsivas, a bebida, a comida, a atividade física frenética, desejo incontrolável por dinheiro, e tudo o que se quer mais e mais. Se a pessoa não consegue ter controle, ela está no vício. E como estamos falando sobre dinheiro, o amor e o forte apego ao dinheiro, que leva a pessoa a passar por cima dos outros se preciso for, ou pior, quando tem tanto apego ao dinheiro que não consegue doar nada do que conquista, essa é a pessoa que está condenada segundo a Bíblia.

Gostar do dinheiro é uma coisa, amar o dinheiro é outra bem diferente. Devemos amar as pessoas, e gostamos de dinheiro para ter uma vida boa e poder ajudar a quem amamos de verdade.

A energia de quem ama o dinheiro é inferior, porque é decepcionante trocar o amor a um ser humano por algo material. Pessoas assim nunca conseguirão o que desejam, estarão sempre insatisfeitas e sentirão que Deus está negando tudo a elas. A saída para isso é ser grato pelo que você já tem.

RAIVA OU INDIGNAÇÃO

O próximo nível é o da raiva e indignação, que vibra a 150 hertz. As pessoas nesse nível são explosivas. Eu já me relacionei com pessoas assim e costumava dizer que era um campo minado. Tudo era reativo. Tinha que saber como falar com essas pessoas para não provocar uma reação indesejada. São pessoas reativas que usarão tudo à sua volta para se expressarem por meio de ressentimentos e vinganças. Elas se magoam fácil e são sensíveis demais.

ORGULHO E ARROGÂNCIA

O oitavo nível de consciência é o do orgulho e arrogância, em que a vibração é de 175 hertz. O dr. David Hawkins afirma que 85% da população vive nesse nível. É muita gente!

Essa faixa do orgulho leva as pessoas a quererem lacrar, elas querem aprovação, aplausos, poder. Nesse nível, as pessoas dependem muito das circunstâncias externas. São pessoas que não têm dinheiro, não são ricas, não se sentem felizes por isso e não conseguem superar essa faixa de energia. É nessa fase que o ego fala muito alto, porque fala do orgulho e o orgulho é próprio do ego.

Pessoas nesse nível querem prestígio, querem honras. E note que a Bíblia diz que Deus abate o orgulhoso, mas exalta o humilde (Provérbios 29.23). Então, habitue-se a trabalhar as suas emoções nesse grau de humildade, pois ela é saudável até espiritualmente falando.

Em nenhuma situação o orgulho é bom, nem para o pobre, nem para o rico, nem para o branco, nem para o preto, nem para o heterossexual, nem para o homossexual. Em nenhuma classificação socioeconômica possível caberá o orgulho. O dr. David Hawkins diz que o orgulho pode levar ao nacionalismo, ao racismo, às guerras religiosas, a um estado de negação irracional, que é um ataque às suas crenças, um ataque a você mesmo.

Até esse oitavo nível a vibração das pessoas fica abaixo de 200 hertz. A tendência de sua vida é de caos e hiperatividade, não de produtividade e ordem. As emoções e a visão de vida que elas têm são sempre negativas e precárias, e a felicidade chega a míseros 22% dessas pessoas – muito pouco.

Diante do que expus até aqui, gostaria que o leitor analisasse esses níveis e identificasse qual característica predomina mais em sua vida, lembrando que esses estados não são estáticos; pode acontecer de em uma fase de sua vida você estar alocado em um nível, mas em outra fase você identificar que outra energia e característica predominam. Mas considere a sua situação nos últimos meses e isso bastará.

Acima disso, o estado de consciência muda a polaridade da energia. Até aqui as pessoas estão com vergonha ou sentem vergonha, culpa, apatia, dor, medo, desejo, raiva e orgulho. Essas pessoas têm que fazer muita força na vida, muito sacrifício para conseguir algo.

CORAGEM

O próximo estado é de coragem. Os *coaches* trabalham muito nesse campo a fim de despertar a pessoa a ter coragem: esse nível é de empoderamento. Recentemente houve o empoderamento do negro no Brasil, pois eles viviam num estado rebaixado de nível de consciência no país. Houve um trabalho para poder empoderá-los e o resultado nós podemos notar claramente, como também em outros grupos minoritários.

A importância de se trabalhar esse nível é vista na mudança da polaridade para 200 hertz. Nesse estado, o ego ainda está lá, mas já se começa a ver a vida que existe fora de si, passando a pensar nos outros. A pessoa deixa de pensar somente em si, abandona a zona do egoísmo, da ganância, do orgulho, e já considera a possibilidade de ajudar os outros.

O ego é a nossa parte inferior, a parte que só quer prazer para si mesmo. É um nível de consciência muito baixo em que se quer gratificação imediata. Como os próprios termos dizem, o egoísmo e o egocentrismo vêm do ego, que só quer para si, só pensa em si, nunca pensa no outro.

É importante formar uma personalidade, é importante ter ego (pois não há como livrar-se dele, apenas trabalhar para que ele não seja mais forte do que deve ser). Mas a nossa vivência é limitada, porque está baseada na própria experiência e não pode nos cegar para o conhecimento mais amplo, baseado na cooperação entre as demais pessoas. O mundo é muito maior do que cada um de nós. Claro que é importante ter personalidade, mas é também importante entender que a gente vive em sociedade e dependemos de outras condições para sobreviver.

Na vibração da coragem, a pessoa está mais otimista. Nos outros estados não, elas são muito negativas, não acreditam que as coisas darão certo e ainda têm muitas crenças limitantes. Aqui, no nono estado da consciência, começa a ter um pouquinho de otimismo e a espiritualidade da pessoa já começa a florescer. Antes não se tinha espiritualidade, mas agora ela começa a aparecer. Antes estava mergulhada na teoria e tudo o que aprendeu veio da religiosidade, do "não pode isso", "não pode aquilo", "tem medo disso", "tem medo daquilo".

Certos ambientes, como vimos, produzem medo: família, religião, amigos medíocres, regiões com poucas oportunidades etc. Uma pessoa com medo não produzirá riquezas nem prosperidade. É preciso sair da zona de medo: não se pode ter medo de Deus, nem medo de diabo, nem medo de nada.

Não nascemos para ter medo. A nossa relação com Deus não pode ser de medo. Ele é nosso amigo. É natural ter alguma insegurança, mas como é que vamos ter uma relação de medo com Deus? Não pode ser assim. É preciso superar esse medo, libertar-se dessa crença limitante e avançar para uma energia superior.

NEUTRALIDADE

O próximo estado de consciência já nos coloca numa zona de neutralidade, que vibra em 250 hertz. Nesse estado de neutralidade as nossas crenças já se tornam flexíveis. Aquela pessoa que ficava discutindo por tudo, por causa da religião, por causa da política, por causa de time de futebol, quando entra nesse estado se torna alguém mais flexível, para quem a verdade não é absoluta. Ela admite a possibilidade de existir verdades paralelas, como também verdades que se complementem.

Por exemplo, um profissional de marketing quer gastar para fazer propaganda e o profissional de finanças não quer gastar, mas juntar mais dinheiro. Os dois estão certos, mas cada um quer uma coisa diferente do outro em verdades que se complementam. Ambos estão no nível de neutralidade, e nesse nível aprendemos que o outro também pode estar certo e você pode estar igualmente certo.

Nesse nível, nos tornamos mais desapegados e mais flexíveis e deixamos a necessidade de provar para todos que estamos com a razão e passamos a viver com mais paz.

Não é raro vermos pessoas com motivação para ganhar dinheiro meramente por orgulho. A pessoa quer ter dinheiro para provar para o pai, quer ter dinheiro para provar para o cônjuge, para o ex. Nesses casos, a motivação está vindo do ego, do lado do orgulho, não da motivação saudável, nem da parte nobre da pessoa, da sua alma.

DISPOSIÇÃO OU VONTADE

O próximo estado é o da disposição, cuja vibração energética é de 310 hertz. Nesse estado a pessoa não só sobrevive, como também começa a usar a sua energia de forma mais eficaz, colocando em prática as ideias. Aqui a sua vida fica mais organizada do que desorganizada, e a característica maior nessa fase é que a pessoa começa a colocar em prática aqueles projetos que antes tinha em mente, mas faltavam disposição, iniciativa, boa vontade. Ela já começa a praticar o que aprendeu a vida toda, até mesmo na religião.

Tem pessoas que sabem muita coisa sobre vários assuntos, conhecimentos gerais, sobre Bíblia ou religião, comportamento, inteligência emocional, economia, gestão de pessoas etc., mas não colocam nada em prática. Elas se parecem com papagaios que ficam apenas na repetição de teorias, mas não praticam o que sabem. No estado de consciência da disposição, a sua vida começa a ganhar impulso para energias mais vibrantes com o Universo e com a prosperidade.

ACEITAÇÃO

O próximo estado de consciência é a aceitação, com 350 hertz de energia. A aceitação revela a mudança verdadeira, eliminando as crenças antigas. Aqui começa a autoaceitação. Pessoas que alcançam esse estado antes acreditavam que eram uma pessoa, e então começam a se aceitar como são, se tornando menos idealistas e menos sistemáticas. Elas vivem proativamente, pois sua energia aumenta e elas passam a vibrá-la em profusão, com uma textura energética muito favorável. Essa pessoa passa a ser a protagonista da própria vida e a criar os seus rumos. Nesse estado se aprende que a vida depende de você, que cada um vive a vida que tolera (e que pode mudar, porque já tem disposição) e entende que Deus quer te ver prosperar, Deus quer te ver bem e feliz. Agora só depende de você.

Nesse estado, começamos a entender que estamos como estamos por resultado do que nós mesmos fizemos ou aceitamos. Por exemplo, temos o corpo que temos porque nos alimentamos e adotamos certas práticas que fizeram-nos ter o corpo que temos. Nesse estado entendemos que temos aquele saldo na conta porque trabalhamos para chegar a ele, e esse saldo é o que merecemos ter. E sabemos que se trabalhássemos mais, se estudássemos mais, se tivéssemos mais expertise, teríamos mais dinheiro. Aqui o vitimismo deverá desaparecer, porque não nos vemos nem nos sentimos vítimas na vida. Passamos a ocupar o papel de protagonistas.

A pessoa passa a entender que pode dizer: se eu me esforçar, vou pesar tantos quilos. Se eu me esforçar, vou ter um milhão de reais na conta. Se eu me esforçar, vou tirar o meu título de graduação, de pós-graduação, de mestrado, de doutorado, porque essas são coisas possíveis para cada um de nós.

A grande diferença entre o Elon Musk e um gari é o nível de conhecimento aplicado. Lógico, há várias outras diferenças, mas quero enfatizar que o gari tem a mesma capacidade para realizar coisas grandes que o Elon Musk, porque nós somos feitos à imagem e semelhança de Deus. Deus é inteligentíssimo, então a mesma capacidade foi dada a cada um de nós quando fomos feitos por Deus cocriadores da realidade que vivemos ao dotar-nos com o livre-arbítrio.

Todos dizem que não querem viver na miséria, mas muitas vezes decidiram livremente (pelo livre-arbítrio) ter pensamentos e comportamentos de quem quer viver na miséria. Então, não adianta apenas dizer que não quer viver na miséria, é preciso mudar os pensamentos e as emoções, abandonando comportamentos de miséria, que continuarão atraindo mais miséria, e assumir que recebeu de Deus condições espirituais, emocionais e racionais para mudar o seu estado e prosperar de verdade.

RAZÃO PURA

O próximo estado é o da razão pura, que tem a energia de 400 hertz. Esse é o nível em que estão os cientistas, as pessoas inteligentíssimas.

Eu admiro os judeus. Menos de 1% da população mundial é de judeus. Albert Einstein era judeu, Silvio Santos era judeu, o Roberto Justus é judeu. Os judeus têm uma característica muito importante, que é investir bastante em educação. A comunidade judaica não é formada somente de judeus em Israel. Há grandes comunidades judaicas nos Estados Unidos. Na Europa também há, na Alemanha era muito grande, mas depois da Segunda Guerra Mundial diminuiu drástica e tragicamente, e continua sendo muito grande em países como Inglaterra, Itália, Portugal.

No Brasil há muitos judeus e temos cidades fundadas por judeus, como Recife e Belém do Pará. Tem uma comunidade judaica em São Paulo, no sul do Brasil, e a Argentina tem muitos judeus.

O nível da razão pura é o nível da ciência e da consciência dos mestres, em que nos desapegamos de tudo e passamos a enxergar o mundo como um todo conectado, não mais fragmentado. Aqui não existe mais sofrimento por coisas externas oriundas do desejo (como dizem os budistas). Aprendemos que o importante não são as coisas externas, pois elas não têm mais domínio sobre nós e não precisamos mais nos preocupar com elas, que irão nos fazer sofrer.

A mente se sobrepõe ao corpo no estado de consciência da razão pura. Assim, conseguimos dominar o corpo e fazemos isso desde coisas simples, como rejeitar um prato de comida quando estamos morrendo de vontade de comê-lo, mas estamos comprometidos com uma dieta.

A pessoa no estado de razão pura tem que fazer atividade física às seis horas da manhã, e ela o faz porque sabe da necessidade de cuidar do corpo e ela trabalha com a razão, não com o ego preguiçoso. Nesse estado, a mente se sobressai ao corpo. Ela terá vontades, ela irá querer fazer coisas erradas, mas saberá discernir que aquilo não deve ser feito. Isso é o uso da razão pura.

AMOR

O estado de consciência do amor vibra na frequência de 500 hertz. Esse estado tem uma beleza toda especial. No amor não existe mais ego se sobressaindo, somente o amor incondicional, em que tudo que se faz é pelo bem maior. A pessoa nesse estado está sempre pensando nos outros, no bem do próximo.

Nesse estado, as pessoas podem ofender você, mas isso não o afetará de modo algum. Elas deixam de ser reativas. O estado de consciência do amor não anestesia a pessoa falsamente, mas as ofensas não fazem a pessoa ficar com ressentimentos. É possível sentir uma agressão verbal ou de outra natureza, mas a pessoa não carregará mais a mágoa, que ficará presa àquele momento do passado. Esse é o estado de amor. O dr. Hawkins diz que esse nível é alcançado apenas por uma entre 250 pessoas.

ALEGRIA OU AMOR INCONDICIONAL

O próximo estado é o da alegria ou amor incondicional, 540 hertz de energia, em que a alegria praticamente impera. Essa alegria é eminentemente interior, não uma alegria que as pessoas precisam notar. Não é a alegria causada por coisas externas nem materiais, mas a alegria como um estado de vida. É estado de felicidade inabalável. O desapego pela vida terrena começa a aflorar e se chega ao nível onde estão os mais avançados na vida de espiritualidade. Aqui se encontram Madre Teresa de Calcutá, Dalai Lama e vários líderes espirituais nesse estado constante de alegria e de desapego. A energia dessas pessoas é radiante e qualquer pessoa consegue estar bem ao lado delas.

PAZ

O próximo e penúltimo estado é o da paz, que vibra a 600 hertz. É a total transcendência, um nível alcançado por uma pessoa entre dez milhões. Muito difícil de alcançar, porém não impossível. É aqui que as pessoas adquirem maior consciência de Deus e vivem trabalhando em prol da sociedade, não vivem mais para si.

Nesse nível estão as pessoas que lutam pela paz mundial. Lembre-se de Martin Luther King, entre outros, que viviam quase exclusivamente em prol do bem dos outros. Essas pessoas não vivem mais para si. No Brasil temos gente assim também.

ILUMINAÇÃO

Por fim, o último grau que iremos ver na escala do dr. David Hawkings é o da iluminação, uma situação cuja vibração de energia é 700 hertz, numa escala que vai até 1.000, o da plena luz ou do esclarecimento, onde está o fim do individualismo, o fim do eu, o fim do ego, caracterizando pessoas como líderes e servidores. O papa, nessa faixa da paz, é uma excelente referência. Só de pensarmos em pessoas nesse nível, o nosso nível de energia aumenta.

É o que acontece no estado da consciência elevada, o campo de energia em que a humanidade se eleva, se mistura com a divindade, e é algo extremamente raro. Aqui a gente pode falar de Jesus, em que a humanidade se mistura com a divindade e, ao seguirmos os seus ensinamentos, ao aprendermos a sua Palavra, nós modificamos a nossa situação.

Então, para fazermos um fechamento deste capítulo, em que vimos a escala da consciência, que vai de 1 a 1.000, você, leitor, deverá identificar em que nível de consciência tem conduzido a sua vida até o dia de hoje. Feito isso, tome consciência de que poderá avançar, uma vez que o nosso propósito na Terra é evoluir sempre.

Estamos na Terra para evoluir, e nesse estado de amor é que a prosperidade acontece.

Quem vive no estado de 500 hertz não terá trabalho caso precise treinar, porque ama treinar por saber que isso é uma condição para a própria evolução. Essa pessoa não terá trabalho caso precise se alimentar corretamente, porque ela ama a saúde. Ela não terá dificuldades com o seu trabalho, porque ama o trabalho que faz. Ela ama tudo o que tem e ama as pessoas à sua volta, de modo que não terá problemas com relacionamentos humanos, porque ama a todos.

Quando se ama, tudo flui. Flui de acordo com a natureza, flui de acordo com a Terra, e a prosperidade flui desse modo.

Nós não ficaremos apenas no campo místico, no campo das energias. É que é preciso dar a você, leitor, essa consciência antes de avançarmos. Não dará resultado algum dizer a uma pessoa que está no nível do medo que ela deve sair desse estado, ou abandonar um relacionamento abusivo, pois ela não terá opções e não conseguirá evoluir. Antes, é preciso trabalhar, elevar o nível de energia dela. O mesmo vale para a pessoa que precisa poupar, e tantas outras coisas que em geral se quer alcançar.

No próximo capítulo nós vamos aprender a elevar o nosso nível de consciência. Quem está com 150 hertz irá para 200, para 250, quem está com 300 hertz irá para 400 e assim sucessivamente. Vamos evoluir o estado de consciência para entrarmos na prosperidade.

NÃO SE ACOMODE! ZONA DE CONFORTO É MORTE LENTA. PARA MUDAR, É PRECISO ESTAR NOS LUGARES CERTOS, CONECTADO ÀS PESSOAS CERTAS, APRENDENDO OS CONHECIMENTOS CERTOS.

3

TERCEIRO SEGREDO

ELEVANDO O SEU NÍVEL DE CONSCIÊNCIA

Neste capítulo trataremos do terceiro passo para enriquecer, que é elevar o nível de consciência. O primeiro passo foi reconhecer as nossas crenças limitantes, o segundo passo foi identificar o nível de energia no momento, e agora precisamos elevar esse nível de energia, que equivale a elevar o nosso nível de consciência. Isso porque aprendemos que a prosperidade, para as pessoas que têm um nível de consciência baixo, é muito difícil ou quase impossível de acontecer.

Para elevarmos o nosso nível de energia, temos que "arrumar a casa", o nosso templo interior, limpar toda a negatividade, limpar as crenças limitantes, crenças de escassez, e quanto mais fizermos isso, mais elevaremos o nosso nível de consciência.

O tempo para isso acontecer vai depender de nós mesmos. Pode acontecer mais rápido e pode demorar muito. Pode demorar quarenta anos ou quatro meses. É como aquela passagem da saída dos hebreus do Egito para Canaã. O percurso que poderia levar quatro semanas durou quarenta anos. Eles mesmos determinaram esse tempo, não foi Deus que disse que demoraria. Nós é que determinamos o nosso tempo de aprendizado.

A religião é isso, é *metanoia*, a expansão da mente, transformar a mente de ignorância para uma mente de esclarecimento. É isso que precisa ser aprendido para sermos prósperos.

É preciso sair da negatividade para aumentar a positividade.

Mas ninguém vai admitir que é negativo. No entanto, existem características para se saber se a pessoa é positiva ou não. Se realmente for positiva, os resultados da sua vida serão positivos. Então, como a pessoa diz que é positiva se os seus resultados são negativos? Há uma incongruência. Quem é de fato positivo tem um mundo interior e exterior positivos.

VAMOS FALAR SOBRE ENERGIA

Vamos entender um pouco o conceito de átomo para introduzir o assunto da prosperidade. Nosso corpo humano é formado por sistemas – sistema circulatório, digestivo, endócrino, entre outros. Os sistemas são formados por células, as células são formadas por moléculas e as moléculas são formadas por átomos. Um átomo é a menor coisa que existe no ser humano. Todas as coisas materiais são formadas por átomos: a pedra, a madeira, um tecido, o ar, todos eles têm átomos.

O núcleo do átomo é formado por prótons e nêutrons que ficam circulando. É algo minúsculo, não dá para ver, nem com uso de microscópios comuns. Esta é a primeira informação que você precisa saber: tudo o que existe é formado por átomos. E se tudo é formado por átomos, o átomo é formado de quê? O átomo é formado por energia, que é a vibração. Quando falamos que alguém está com a energia baixa, é como se os seus átomos estivessem circulando muito devagar e a pessoa estivesse vibrando lentamente. Quando se está com energia alta, os átomos estão todos em movimento e a pessoa vibra em alta frequência.

Os elétrons ficam circulando em volta do núcleo, onde estão prótons e nêutrons. Mas a distância entre o que circula e o núcleo é gigantesca em relação ao tamanho dessas partículas. É como se o núcleo fosse uma bola de futebol, e a parte que circula em volta da bola é como se fosse todo o campo. Aquilo que está em movimento é a energia, e energia é informação acontecendo.

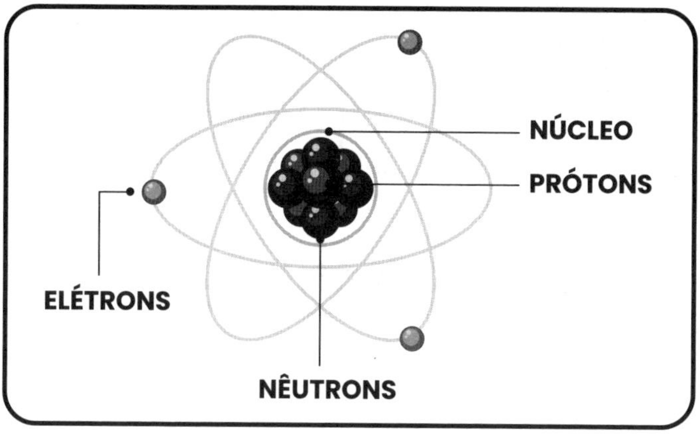

Há vários meios por onde passam energia, como o livro que você está lendo, uma live sendo transmitida, um rádio que você ouve (pela energia sonora), o *bluetooth*, a energia do micro-ondas, e por mais que a gente não veja a energia circulando, as partículas das ondas estão ali, agindo freneticamente.

CAMPO ELETROMAGNÉTICO

Cada pessoa também tem o seu campo eletromagnético. O campo eletromagnético de cada ser humano mede três metros. Esse campo é o campo espiritual. Tem pessoas com um campo eletromagnético positivo, leve, e outras têm um campo pesado, negativo. O mesmo vale para um ambiente, como uma casa onde reina a paz e outra onde imperam brigas e discórdias. E assim sucessivamente.

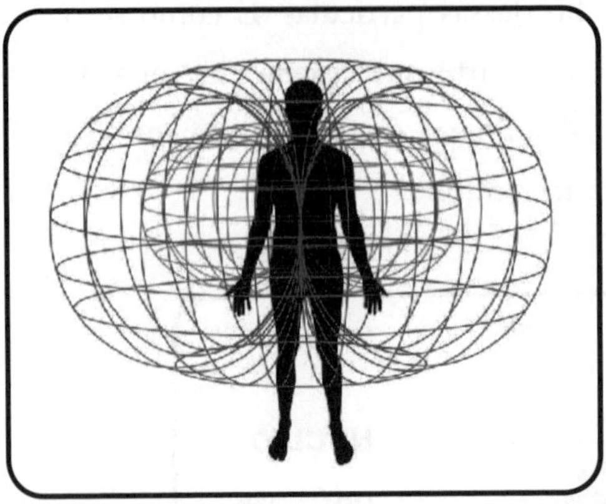

As várias interações energéticas que acontecem, como as emoções, manifestam cargas positivas e negativas conforme a emoção. A pessoa pode estar energeticamente mais positiva ou negativa, dependendo das emoções que sente e libera.

LEI DA SEMEADURA OU LEI DA ATRAÇÃO

Evidentemente, quando estamos bem, energeticamente as coisas fluem, acontecem, tudo prospera, o dinheiro chega. Quando não estamos bem, tudo de ruim acontece, a pessoa é assaltada, é roubada, bate o carro, fica doente etc.

Por isso temos que nos curar do que nos deixa enfermos, como depressão ou transtornos, o luto e coisas que nos feriram no passado, porque essas situações não produzem prosperidade. Quem tem síndrome de vitimismo, de coitadismo, não prospera. A prosperidade tem uma característica específica. As pessoas prósperas são positivas e otimistas, são alto-astral, têm autoestima muito boa.

A bênção acompanha aqueles que obedecem (pais, líderes, as leis da natureza etc.), porque atraem coisas positivas. A bênção não acompanha aquele que desobedece, porque seu nível de energia é baixo. Quando o nosso nível de energia está baixo e terminamos um relacionamento que não estava bem, por exemplo, não é bom encontrar logo uma nova pessoa, porque a energia estará baixa e atrairá alguém que também estará com a energia baixa, carente. Daí é preciso estar bem, porque estando bem, irá encontrar alguém como você, uma pessoa bem resolvida, alto-astral e interessante.

Então, energia ruim atrai coisas, eventos, circunstâncias ruins. Energia boa atrai saúde, paz, prosperidade, enfim, coisas boas. Lógico, toda regra tem sua exceção, mas isso serve como sinal e é bíblico! Tem um versículo em Mateus 25.29 que diz que "a todo aquele que tem, mais será dado, e terá em abundância. Mas, ao que não tem, até o pouco que tem será tirado".

Eu achava isso injusto, na minha ótica. Se a pessoa já tem, para que dar mais? Mas entendi que aquele que tem muito, vibrando lá em cima, energia alta, terá ainda mais, mais prosperidade, mais riqueza, mais alegria, mais felicidade, mais saúde, mais bem-estar, mais conhecimento.

Deus deixou leis no Universo e não tem como a gente alterá-las; então, se quero sintonizar coisas boas, preciso elevar a minha energia. Se planto sementes boas, colho coisas boas. Se planto sementes ruins, colho coisas ruins.

A falta de dinheiro não se resolve com dinheiro. Se alguém deve R$ 10 mil e o problema da vida da pessoa é de R$ 10 mil, e alguém der a essa pessoa a quantia de R$ 10 mil, ela fará mais dívidas de R$ 100 mil, até de R$ 1 milhão, porque não mudou a consciência, não elevou a energia, então, não sairá daquela situação, podendo até se afundar mais.

Problema financeiro não se resolve com dinheiro; problema financeiro se resolve com consciência financeira.

Olhe este dado: 1% da população do planeta (cerca de 80 milhões de habitantes) detêm a mesma riqueza dos 99% restantes (720 milhões).* Aí pode-se pensar: "Que injustiça! Vamos distribuir esse dinheiro, juntar tudo e distribuir em partes iguais". O que vai acontecer depois de poucos anos? Esse dinheiro vai voltar para as mãos desse 1% e os outros ficarão sem o dinheiro, porque não mudaram a consciência.

Então, o que precisamos? Elevar a nossa consciência, ter consciência expandida. Esse é o segredo da vida, e estamos na Terra para ter a consciência expandida, a energia ampliada.

Por que erramos? Porque não temos consciência. Por que sofremos na área de relacionamentos? Porque não temos uma boa consciência para relacionamentos. Por que sofremos na área financeira? Porque não temos uma boa consciência para finanças. Por que sofremos na área da saúde? Porque não temos uma boa consciência quanto aos nossos hábitos de vida saudáveis, alimentares etc. Isso vale para a espiritualidade, para a religião e para a prosperidade.

Nós temos a mesma capacidade e possibilidade de realizações. Deus nos fez à imagem e semelhança sua, não nos fez à imagem e semelhança de uma pessoa inferior a Ele. Elon Musk e você são feitos à imagem superior, o mesmo tipo de átomo, e naquele espaço vazio em que as partículas ficam circulando, que se chama vácuo quântico e que não é na verdade vazio, mas preenchido por muita coisa, as partículas são feitas

---

* REUBEN, Anthony. 1% da população global detém mesma riqueza dos 99% restantes, diz estudo. *BBC News*, 18 jan. 2016. Disponível em https://www.bbc.com/portuguese/noticias/2016/01/160118_riqueza_estudo_oxfam_fn#:~:text=1%25%20da%20popula%C3%A7%C3%A3o%20global%20det%C3%A9m,diz%20estudo%20%2D%20BBC%20News%20Brasil. Acesso em 5 jul. 2024.

do mesmo material encontrado nas estrelas. Ou seja, somos formados do mesmo material das estrelas, por isso os cientistas lhe deram o nome de "partícula de Deus", porque é a substância fundamental do Universo.

E por que é importante você ter consciência dessas informações? Porque, quando sabe isso, implantam-se em você crenças possibilitadoras, que o levam a crer que é capaz e que todos nós temos possibilidade de uma vida superior.

BLOQUEADORES DA PROSPERIDADE

Há dez bloqueadores da prosperidade, que são as atitudes que baixam a vibração, a energia, deixando a pessoa mais negativa, porque a sua vibração fica mais lenta, a pessoa fica mais vagarosa e o seu raciocínio mais deficiente.

Então, vejamos quais são esses bloqueadores.

RECLAMAÇÃO

O primeiro bloqueador é a reclamação. Reclamar bloqueia a prosperidade, porque se estou reclamando, no final das contas estarei reclamando de Deus, insinuando que Deus deixou algo ruim acontecer comigo. A reclamação das coisas na vida remete à ideia de que Deus é injusto e eu sou mais justo do que Ele, e que não estamos assumindo a responsabilidade por nossa vida. Então reclamar, a partir de hoje, não deve ser mais a sua atitude. Elimine a reclamação da sua vida.

JULGAMENTO

O segundo bloqueador é o julgamento. Qualquer tipo de julgamento verbalizado, um olhar de julgamento, um pensamento etc. Por que não podemos julgar? Porque não sabemos a história completa da pessoa que estamos julgando. A pessoa a quem julgamos pela aparência pode

AQUILO QUE VOCÊ ESCREVE E EM QUE COLOCA SENTIMENTO É O TEU DESEJO. ASSIM, TENHA A IMAGEM DOS SEUS SONHOS REPRESENTADA NUM MURAL. VISUALIZE E ORE TODOS OS DIAS EM PROL DELES.

---

ser órfã e ter encontrado grandes dificuldades para amadurecer e sobreviver no mundo, pode ter sido abusada, pode sofrer de certos transtornos, de certas doenças, e uma lista sem fim de problemas que não aparecem quando a olhamos pelo que ela é exteriormente.

Como não sabemos essas coisas, nunca julgue alguém pela aparência, porque cada um vive de acordo com o seu nível de consciência. A Bíblia diz que Deus deu talentos para cada um de nós, uma quantidade determinada para cada um. Nem todos nasceram uma folha em branco. Alguns realmente nasceram com uma quantidade maior, com nível de energia mais elevado que outros, porém todos têm a mesma capacidade, porque Deus deu talentos a todos. Não estamos no mundo para julgar o outro, não estamos aqui para mudar o outro, estamos no mundo para melhorarmos *uns aos outros*. Temos que amar e ajudar o próximo.

VITIMIZAR-SE

Terceiro bloqueador, vitimizar-se. Vitimizar-se é jogar a culpa para o outro, para o ex ou a ex, para o bairro, para o governador, para o presidente, para alguém que não seja você. Já sabemos que somos os responsáveis pela nossa vida, que Deus deu-nos condições de nos tornarmos o que quisermos. Somos os responsáveis pela nossa vida, somos quem irá construir a nossa vida, e Deus é o maior interessado em nossa felicidade, então temos que ser os protagonistas da nossa vida.

CRENÇAS LIMITANTES OU CRENÇAS DE ESCASSEZ

O quarto bloqueador é ter crenças limitantes ou crenças de escassez. Já exploramos bastante isso no início do livro e agora sabemos o que as crenças limitantes fazem com a vida de alguém. Com as crenças de escassez acontece o mesmo processo: produzir mais escassez e mais limitações, porque a vida é assim, ela dá mais do mesmo para a gente aprender. Por exemplo, uma pessoa tem complexo de abandono. O que a vida vai fazer com ela? Vai fazer aparecer uma porção de pessoas abandonando-a, para ela aprender a lidar com o abandono e superar essa condição em sua vida.

Quem assistiu a *Alice no País das Maravilhas* notou uma fala em que Alice pergunta se é amada, e um dos personagens, o Coelho Branco, diz: "Não vou te amar ainda, porque você não se ama". Então o personagem está interagindo com ela, demonstrando que a vida sempre vai dar mais do mesmo para a gente aprender com isso.

Então, quando estamos com muitas situações parecidas acontecendo conosco, é porque alguma coisa a vida está querendo nos ensinar para lidarmos com aquela situação e elevar a nossa energia.

NOTÍCIAS OU IMAGENS DE TRAGÉDIAS

O quinto bloqueador da prosperidade ou agente que faz baixar a nossa vibração é assistir a notícias sobre tragédias, mortes, desgraças. Observe-se quando assiste a notícias ruins, você fica feliz? É lógico que não, porque isso muda a sua vibração. Ficamos muito mal vendo tantas coisas ruins acontecerem mundo afora. Isso nos contamina.

MÚSICAS QUE VIBRAM NEGATIVAMENTE

O sexto bloqueador da prosperidade são as músicas que vibram negativamente, com letras que falam de coisas ruins, porque a palavra tem poder, e se estamos ouvindo músicas de baixa vibração, cujas letras falam de coisas ruins, isso pode ficar armazenado em nossa mente e nos impregnar. Se ouvimos fofoca, isso irá baixar a nossa vibração. Aprenda a cortar a fofoca quando a pessoa vem contar algo a você, porque essa vibração vem muito negativa.

COMPANHIAS DE PESSOAS PESSIMISTAS

Sétimo inibidor ou bloqueador de prosperidade são as companhias de pessoas pessimistas. Aprendemos que temos um campo eletromagnético. A pessoa pessimista, a fofoqueira, a que julga as demais e a companhia de pessoas que em geral são pessimistas vão envolver você no campo eletromagnético delas. Pessoas falsas, pessoas invejosas e pessoas negativas farão você entrar no campo eletromagnético delas, e o campo eletromagnético delas é baixo e isso fará baixar o seu campo eletromagnético.

MÁGOAS

O oitavo bloqueador da prosperidade são as mágoas. A mágoa é um bloqueador da prosperidade porque forma uma camada densa em volta da pessoa que guarda esse sentimento, de modo que a oração e os pedidos que faz não conseguem passar do teto e chegar a Deus. A Bíblia ensina que antes de levarmos nossas ofertas ao altar, antes de fazermos as nossas petições, temos que ir ao nosso irmão e pedir perdão a fim de eliminar mágoas. Então, a mágoa é um bloqueador da prosperidade, e o modo de desarmar esse bloqueador é perdoar quem nos magoou.

PALAVRÕES E XINGAMENTOS

O nono bloqueador é ficar falando palavrões e xingamentos, porque fazendo isso estaremos lançando palavras negativas no mundo, contribuindo para a negatividade no planeta. O meu mestre na Cabala ensinou que se na China alguém estiver em cima da ponte pensando em pular para se matar e alguém aqui no Brasil produzir alguma negatividade, emitindo um palavrão (por exemplo), essa pessoa irá contribuir para o aumento da negatividade do planeta e, consequentemente, a soma na negatividade daquele indivíduo interferirá na vida daquele que está na China. É muito forte isso! Do mesmo modo, podemos nos concentrar em contribuir com nossas ações positivas no mundo, para gerar mais prosperidade e deixar o mundo melhor.

Nós provocamos coisas trágicas com as nossas atitudes, com a nossa negatividade. E essas coisas acontecem do micro para o macro, porque temos poder de mudar o nosso campo eletromagnético à nossa volta, na nossa casa, nosso bairro, nossa cidade, nosso país e nosso planeta, de acordo com as nossas ações, com a nossa positividade ou com a nossa negatividade.

Imagine como o mundo estava durante a pandemia. O limite estava próximo, é como se Deus tivesse dado um *reset* na Terra, mas foi relativamente leve se comparado aos dias de Noé, quando só restou a família dele no planeta.

VÍCIOS E COMPULSÕES

O décimo e último bloqueador da prosperidade são os vícios e qualquer tipo de compulsão, como a compulsão sexual, a compulsão por compras, o consumismo, pensamentos acelerados, compulsões alimentares e qualquer outro tipo de vício. Coisas assim também baixam a nossa vibração.

Então, essas são as dez coisas que bloqueiam a nossa prosperidade, e você deverá refletir seriamente sobre aquelas que você tem adotado em sua vida como costume, como hábito, e trabalhar para abandoná-las. Por isso, agora apresentarei as dez coisas que elevam a nossa prosperidade, porque sabendo quais são você poderá melhorar as suas crenças possibilitadoras. Quando a gente deixa de praticar as ações bloqueadoras, isso facilita muito o acesso à prosperidade. Imagine quando colocamos em nossos hábitos as crenças possibilitadoras, coisas que elevarão a nossa energia!

OS POTENCIALIZADORES DA PROSPERIDADE

Por que precisamos elevar a nossa energia? Porque aprendemos que a prosperidade acontece a partir de 500 a 560 hertz, na faixa do amor e da alegria. Quando estamos alegres, só coisas boas acontecem.

Já percebi que, quando estava passeando e estava muito feliz, tive a oportunidade de fazer vários negócios. Os negócios vieram na minha mão e nem precisei me esforçar muito. Então, aprendam as dez técnicas ou atitudes para potencializar e elevar a sua energia.

O PODER DE PROFETIZAR

A primeira coisa que quero introduzir no seu conhecimento é um versículo de Provérbios 29.18, que diz assim: "Não havendo profecia, o povo se corrompe".

O que é profecia? É uma palavra positiva, uma palavra que nos dá um rumo, aponta um futuro positivo. Baseado nisso, o que temos que fazer é profetizar sobre as nossas vidas. Você acordará amanhã e profetizará. Eu acordo profetizando, logo cedo digo que hoje o dia será incrível! Abro a janela do apartamento e sempre repito que aquele será um dia incrível, um dia próspero, abençoado, em que vou fazer muitos negócios, e será um dia em que Deus vai me surpreender. Assim, começo a liberar palavras positivas, porque sem profecia o povo se corrompe, por não profetizar sobre a vida. Então, aprenda a profetizar, a acordar todos os dias e dizer coisas boas e positivas.

O PODER DAS AFIRMAÇÕES POSITIVAS

A segunda atitude para potencializar a sua energia reside no poder das palavras. As palavras têm poder, então, fale palavras positivas a seu respeito. Tem gente que se deprecia, se diminui. Não faça isso. Quando receber um elogio, agradeça. Há uma carga energética nas palavras. É importante dizer palavras positivas. A oração também está incluída aqui, pois ela nos prepara. Se você está com a vida corrida, a milhão por hora, ela vai ajudar a organizar os seus pensamentos, vai sintonizar você com o céu e você irá sintonizar no alto, irá vibrar no alto quando orar.

O PODER DO SILÊNCIO

O terceiro ponto é o poder da meditação, que não é verbalizar, nem orar baixinho. Na meditação a pessoa não pensará em nada. Na oração silenciosa, ela irá orar em pensamentos, para acalmar seu interior, sua mente, se tranquilizar e fazer sentir-se muito melhor. Ela elevará o seu nível de energia, porque hoje nós temos vivido no automático, ansiosos, e não percebemos o que estamos fazendo. Então, esse é um momento de nos conscientizarmos. Eu faço muito isso.

O PODER DA LEITURA BÍBLICA

A quarta atitude é a leitura bíblica, a leitura que tem muito poder. O Salmo 91, por exemplo, pode ser usado para exorcizar. Eu já usei esse Salmo para exorcizar uma pessoa, que não vou dizer quem é, pois ela tem muitos problemas, coisa seríssima. Mas a leitura bíblica é algo poderoso e deve ser usada por você para elevar seu nível energético e expandir a sua consciência.

O PODER DA GRATIDÃO

A quinta atitude é a gratidão, agradecer, ser grato. Muita gente diz que não sabe agradecer, diz que não tem motivo. Eu mesmo era ingrato, mas aprendi a agradecer. Agradeço pelo travesseiro que uso para deitar minha cabeça, agradeço pela refeição, agradeço pelo banho quentinho, agradeço porque posso dormir em paz, agradeço por minha casa. Há muita coisa pela qual devemos e podemos agradecer.

Comece a agradecer por tudo e você vai rever a sua vida e valores, e logo verá como a sua energia será elevada.

Coloque em prática isso e veja como ficará a sua energia. Faça disso um ritual. Você acorda às oito horas, acorda sete e meia? Acorde às seis e meia, acorde às cinco. Os milionários acordam por volta das seis horas da manhã e os bilionários acordam às cinco. Eles têm um ritual. Leia a biografia deles e você aprenderá como são suas vidas.

Eles se levantam e muitos tomam banho gelado, fazem a meditação, suas orações. Cada um deles tem sua religião e se conecta com Deus, que é o Criador. Não existem dois deuses criadores, há um só. Eles se conectam com Deus, pois ninguém sai de casa despreparado. Eles organizam o seu campo eletromagnético, como falamos, e saem para ganhar o seu dia com a energia lá em cima, de modo que não será qualquer coisa que irá derrubá-los.

O PODER DO NOME DE JESUS

Outra atitude poderosíssima, a sexta atitude, é o poder do nome de Jesus. O nome de Jesus tem muito poder. Quando cheguei a São Paulo, fui com um conhecido a uma boate, a primeira vez que fui a um lugar como aquele. Eu me desencontrei desse conhecido, ele foi embora e eu fiquei. Nós nos reencontramos depois, só que eu fiquei sozinho. Na porta da boate, vieram três para me pegar – faz mais de vinte anos que isso aconteceu. E o que eu fiz? Disse com autoridade: "O sangue de Jesus tem poder". Quando eu disse isso, os três sumiram. Vieram para me pegar, mas foram embora. Não sei como aconteceu. Eu só sei que o nome de Jesus tem muito poder.

O PODER DE SERVIR

A sétima atitude é servir, um gesto que eleva o nível de energia. Sim, acredite, servir eleva muito o nível de energia. Doar-se. Comece a servir em sua casa, sirva a mãe, os avós se você os tiver, o vizinho, doe-se. As aulas que dei e que foram a base para este livro elevaram o meu nível de energia, porque foi uma doação para um grupo seleto de pessoas, mas não deixou de ser um serviço para elas e para você que pode ler esta obra.

Eu fui para o Nordeste e senti a minha energia lá embaixo. Eu precisava elevar a energia e tinha que mudar o meu campo eletromagnético, que estava baixíssimo. Eu precisava sacudir as coisas e elevar a energia. Então, o que foi que eu fiz? Eu comecei a doar dinheiro. Mas não só isso, porque a gente tem que doar e servir. Veja os americanos, eles não só doam dinheiro para diversas causas, eles servem pessoalmente em alguma área social. É obrigatório e já falamos disso no início do livro. A cultura no Brasil é diferente e infelizmente aqui ninguém serve a causa alguma a não ser ao próprio umbigo.

O PODER DA AMBIÊNCIA

Outra atitude, a oitava que eleva a energia, é o poder da ambiência. O que é a ambiência? É a conjuntura do ambiente, como falamos. Todo ambiente tem uma carga energética. Uma coisa é estar em um ambiente promíscuo, estar num lugar onde o tráfico acontece, com vícios e destruição de vidas e de famílias, outra coisa é estar em um templo sagrado ou na natureza.

Na mesma ocasião em que fui ao Nordeste e fiquei com a energia muito baixa, não vi a igreja à qual costumo ir naquela região. Tem duas igrejas às quais gosto de ir, mas lá não tinha. O que eu fiz? Fui para a natureza, para a praia, por exemplo. A natureza é um lugar muito rico em energia positiva. Faz muito bem caminhar na natureza, trocar energia com os pés descalços. Esse contato com natureza, a praia, a cachoeira, o mar, é maravilhoso, e é indiscutível o quanto é leve a energia desses lugares.

Para se ter a energia leve é preciso ter boas companhias. Uma pessoa amorosa, família e amigos queridos elevam a nossa energia. Esse é o poder da ambiência.

O PODER DE HONRAR PAI E MÃE

A nona atitude que eleva a energia é honrar pai e mãe. É um dos dez mandamentos bíblicos. É tão poderoso que vem com a promessa de que a pessoa que assim fizer terá os seus dias na Terra prolongados. Isso fala de saúde e, obviamente, a prosperidade que a pessoa terá para se sustentar nesses dias adicionais que irá ganhar por obedecer a esse mandamento.

A prosperidade envolve o todo, então é muito importante que pessoas que têm mágoa de pai e mãe resolvam isso, porque é um bloqueador da prosperidade. Pessoas que precisam liberar perdão, para qualquer pessoa, que o façam, pois você não pode ter mágoa. É muito difícil conhecer uma pessoa próspera com mágoa de pai e de mãe. A minha vida melhorou muito quando perdoei meu pai. Aquilo liberou um amor e uma gratidão muito grandes por ele.

O PODER DO HÁBITO DIÁRIO DA ORAÇÃO

A décima atitude é o hábito diário de orar. De se conectar a algo maior, supremo, poderoso, onipresente, onisciente, abrigo, socorro e refúgio. Se conectar ao Amor Incondicional, a Verdade e a Fonte da Vida.

Você não deve chegar a uma reunião sem antes fazer isso mentalmente, por meio da oração. Então você pede proteção, fala como gostaria que os eventos se desenrolassem. Isso serve não só para sua reunião mas também para todos os seus projetos e sonhos, para que haja um alinhamento com a vontade do Criador, que é perfeita, boa e agradável.

O ato de orar deve ser diário, como um alimento que te sustenta, te encoraja para você agir apesar do medo e não retroceder.

Então, essas são as dez atitudes que elevam o seu campo energético. Pratique-as todas as manhãs, saia da cama e separe meia hora por dia para se preparar para praticá-las. Não saia de casa "desarmado", saia de casa com o seu campo eletromagnético potencializado, positivo, e você vai ver resultados diferentes na sua vida.

Eu hoje colho fruto dessas vivências que adotei para mim, e depois disso veio o Residencial Araújo. Foi lá que tive *insights*, mas mudei o meu padrão vibracional, mudei a minha energia e, consequentemente, só coisas boas foram acontecendo em minha vida. Então, faça isso, comece logo, a partir de hoje, e você verá como isso ajudará a sua vida.

Vamos, então, para o próximo capítulo, pois ainda há muitos segredos da prosperidade para serem descobertos!

NÃO SEJA INIMIGO DO DINHEIRO! JESUS NÃO FALOU CONTRA DINHEIRO E SIM DE QUEM FAZ DO DINHEIRO SEU ÍDOLO. DINHEIRO É SÓ DINHEIRO. JÁ MAMON É DINHEIRO ELEVADO À CATEGORIA DE DEUS, OU SEJA, UM ÍDOLO.

CRESÇA E ENRIQUEÇA – DOUGLAS ARAÚJO

4

QUARTO SEGREDO

VISUALIZE UMA IMAGEM POSITIVA DO FUTURO

Visão é algo fundamental na vida de uma pessoa, tanto a visão física, do corpo, quanto a visão intelectual e espiritual, que leva a pessoa a ser visionária, tendo imagens positivas do futuro que ainda não foi criado.

Todo sonho começa na mente, e sai do sonho para um papel ou uma tela de computador ou tablet.

A roupa que estou usando enquanto escrevo este livro foi sonhada pela Gabryele Aquelino, estilista. Da mente que visualizou, ela passou a ideia para um papel, fazendo o primeiro croqui. O apartamento onde moro, a casa em que você está, tudo começou a se tornar realidade numa planta desenhada em papel. Todo projeto começa assim, mas antes a gente precisa visualizar a imagem do nosso sonho, porque somos capazes de realizar apenas aquilo que conseguirmos imaginar.

Quem não imagina que será milionário, conseguirá se tornar milionário algum dia? Nunca. Primeiro é preciso imaginar.

O PODER DA IMAGINAÇÃO

Quando criança, não tive vivência com a imaginação me levando a morar fora do país. Hoje me arrependo muito, pois se soubesse disso, teria estudado e morado fora.

Neste capítulo você aprenderá que para realizar os seus sonhos é preciso imaginar, visualizar, ter uma imagem positiva do futuro desejado, mesmo que hoje não esteja vivendo a vida que pretende ter um dia. Se souber aonde quer chegar, se souber o destino pretendido, você conseguirá chegar a ele.

Quando cheguei a São Paulo, morava no apartamento de minha tia Marlene, que ficava no 17º andar. Lá eu vi a distância prédios que nunca tinha visto, como uma cobertura duplex. Por coincidência, eu morava em frente a uma cobertura dessas. Eu ficava abismado e encantado com aquilo. Nunca tinha visto um duplex na minha vida, um apartamento de dois andares. Então o que eu fazia? Ficava imaginando, visualizando, embora não conseguisse vê-lo por dentro. Mesmo assim, eu imaginava como seriam as paredes daquele apartamento, como seriam as pessoas que moravam lá, que deveriam ser gente muito chique. Imaginava os lustres, o piso, enfim. Eu imaginava e desejava.

Como aquela cobertura ficava no mesmo nível do apartamento de minha tia, eu sempre ficava olhando para lá e, se pudesse, colocaria um cabo de aço para ir até aquele imóvel e ver como ele era por dentro.

Eu usava a imaginação, e mesmo não sabendo o que poderia acontecer, estimulava a minha mente. E o que aconteceu? A vida foi seguindo e, depois de dez anos morando em São Paulo, comprei um apartamento grande para mim.

O corretor me mostrou uma unidade. Eu nunca mencionara a ele, mas desejava morar no bairro do Tatuapé. Mas esse bairro tem 150 mil habitantes! E o que aconteceu? Quando o corretor me mostrou um apartamento à venda, mostrou exatamente a cobertura que há dez anos eu paquerava, e evidentemente eu adquiri aquela unidade. Entenda o poder que é imaginar e visualizar aonde se quer chegar.

ESCREVA A TUA VISÃO

Na Bíblia, no livro de Habacuque 2.2, diz: "Escreve a tua visão em uma tábua, pois no tempo apropriado acontecerá". Naquela época usavam tábuas para a escrita, e hoje usamos papel e caneta ou tela de um dispositivo digital. Temos que escrever os nossos sonhos. Isso é bíblico.

Diante disso, quero apresentar uma ferramenta que nos ajudará a reprogramar as nossas crenças limitantes, substituindo as crenças de escassez por crenças possibilitadoras, de abundância. Essa ferramenta se chama Mural dos Sonhos.

O MURAL DOS SONHOS

O Mural dos Sonhos é útil para fazer gerar em nós informações visuais, ao dar estímulos imagéticos para exercitarmos diariamente a visualização dos nossos sonhos, do lugar aonde a gente quer chegar. Segundo o autor desse método, Paulo Vieira, PhD, a produção de dopamina, que é conhecida como hormônio da persistência, nos torna mais perseverantes pelo simples ato de visualizarmos aonde queremos chegar.

Albert Einstein dizia que não existe nada mais poderoso do que a vontade, a vontade é mais poderosa do que a bomba atômica. É preciso ter vontade, e o Mural dos Sonhos nos ajuda a organizar a nossa por meio da imaginação e da visualização do que queremos.

Há três estágios nesse processo. O primeiro é a visão. O segundo são os nossos objetivos, aonde queremos chegar na vida. E o terceiro é a ação, como agiremos para atingir isso, por meio do comportamento.

A FELICIDADE ATRAI BÊNÇÃOS

Fiz uma postagem no meu perfil do Instagram em 20 de janeiro de 2017, que foi quando fiz o meu Mural dos Sonhos. Eu coloquei a informação de que queria a certificação do Instagram. Naquela época não se comprava isso, como hoje é possível. Eu corri atrás. Contratei assessor, estudei, fazia o que era preciso, mas não acontecia. E o que houve? Eu estava viajando, feliz por realizar um sonho naquele momento, e no dia do meu aniversário – estava nas Ilhas Maldivas – compartilhei com todo mundo que fui certificado no Instagram. Fui verificado naquele dia, ou seja, a minha vibração estava alta, por isso é importante estar feliz.

Sobre os prédios, eu só tinha um em construção. Agora estou construindo o meu segundo. Eu só tinha um prédio, mas tinha feito o Mural dos Sonhos com dois prédios e hoje está sendo realizado o que foi imaginado.

Há várias imagens no meu perfil do Instagram que apontam para meu Mural dos Sonhos. Uma das fotos postadas mostra uma pessoa como se estivesse energizada, e naquela época eu nem sonhava saber o que era energia, mas queria ser uma pessoa mais espiritual. Eu poderia postar a foto de uma pessoa rezando, mas a imagem que postei diz mais respeito à energia do que à religião. Então, por isso eu digo: tenha cuidado com as imagens que posta, porque elas irão dizer muito sobre o que você imagina. Já vi pessoas postando que queriam um filho, mas a imagem era de dois filhos, e não demorou para a pessoa ter um filho e o segundo logo em seguida.

TENHA UMA VISÃO CLARA SOBRE O FUTURO

Eu estava na dúvida sobre dar um curso que seria a base para este livro, porque é um trabalho muito grande escrever algo assim. E sabe o que aconteceu? Uma conhecida, a irmã Cristiane Santana, me ligou e disse: "Douglas, eu sonhei com você esta noite, que chegava a um evento muito grande e as pessoas te esperavam para você palestrar. Alguma coisa vai acontecer com você".

Eu faço leitura de sinais da vida, do Universo de Deus. E se eu estava na dúvida, acabei decidindo dar o curso e, a partir dele, fazer este livro. Quando ela me disse aquilo, foi como se Deus estivesse falando: "Vai, que eu já fui, e você virá atrás". Foi assim com o livro *Do abacate ao milhão*, e Deus tinha falado comigo na igreja para fazer aquela obra antes da pandemia.

IMAGINE A VIDA DOS SEUS SONHOS

Eu poderia dar outros exemplos de coisas simples que postei em meu Mural dos Sonhos, como andar de helicóptero, ou voar somente de primeira classe, me vestir bem, e tenho hoje conseguido; mas esses exemplos são suficientes para você entender a importância da visão e de ter objetivos e ação.

Há coisas que ainda pretendo alcançar, e as poucas coisas que não aconteceram, continuo na mira delas, refaço o meu Mural dos Sonhos e coloco diante de mim até que elas aconteçam. O que já aconteceu, eu coloco um "ok" ou tiro do mural.

Para fazer o seu Mural dos Sonhos, a primeira coisa que você precisa é definir o objetivo para as principais áreas da sua vida. São doze áreas principais e vou mencionar algumas delas. É preciso colocar um objetivo em cada área da sua vida. Por exemplo, na área financeira, a primeira área, eu coloquei que gostaria de ter dois prédios com unidades *studio* para fazer locação.

Assim, veja aonde você quer chegar na vida financeira e será isso o que irá escrever. "Escreve a visão na tábua, pois no tempo apropriado acontecerá", é o que diz o texto bíblico. E é preciso escrever, porque tudo começa no papel, no tablet, no notebook; então, escreva.

A segunda área da qual precisamos cuidar, indicando qual objetivo temos, é a área profissional. No meu caso, eu coloquei que o objetivo pessoal na vida profissional era dar palestras para mil pessoas. Na época, quando desenhei meu Mural dos Sonhos, eu morria de vergonha de falar em público. E como gostaria! Mas coloquei isso como objetivo.

Não se preocupe agora sobre como isso irá acontecer. Quando eu morava no apartamento, olhava a cobertura do outro lado da rua e nem imaginava como seria estar numa cobertura, até que adquiri a minha.

A terceira área que precisamos trabalhar é a área mental. Ela está relacionada aos estudos, ao lado intelectual, à aquisição de conhecimentos variados. Que nível de estudo você quer ter? Quer fazer uma pós-graduação? Se não terminou os estudos, quer terminar a graduação? Se não for isso, quer se capacitar na sua área de atuação profissional?

> **Para ganharmos dinheiro, temos que ser bons naquilo que fazemos.**

Falamos que a prosperidade tem relação direta com o nosso nível de consciência, independentemente da área de atuação que formos exercer. Não ganha dinheiro só quem é médico ou advogado ou engenheiro. Ganha dinheiro quem é bom, quem é especialista naquilo que faz.

A área seguinte é a da saúde. É preciso ter alta performance; pessoas com um nível de consciência elevado cuidam do seu templo, cuidam da própria saúde. Como ser um excelente profissional sendo prejudicado pela obesidade, por doenças, sendo sedentário? Como terá qualidade de vida se não se alimentar direito e se não se exercitar? Assim, é importante dar atenção à área física.

Por isso, coloque os seus objetivos na área física: começar um *hobby*, frequentar academia, correr tantos quilômetros ou tantos minutos algumas vezes por semana. Ou, caso precise perder peso, indique quantos quilos irá perder em quanto tempo e qual peso pretende ter no final do objetivo. Coloque uma meta e um objetivo determinado e defina um prazo para isso.

A próxima área é importante, é a área familiar. Eu precisei me reconectar com minha família, uma vez que nunca estive bem, nem com a minha mãe, nem com o meu pai, nem com os meus irmãos. Aos 24 anos minha mãe se tornou minha melhor amiga, pois antes não tínhamos essa relação como temos hoje.

É possível criar níveis de relacionamento melhores. Hoje, meus irmãos me respeitam, me amam, me ouvem, mas não foi sempre assim. Isso mudou há pouco tempo. O mesmo vale para a minha relação com meu pai, como disse em capítulo anterior.

Os níveis de meus relacionamentos eram mais baixos. Conforme elevei o meu nível de consciência, também melhorei e tenho melhorado cada vez mais, e com isso atraio melhores níveis de relacionamento familiar e emocional. Não podemos cuidar somente da razão, já que a área mental que tratamos há pouco tem a ver com a aquisição de conhecimentos técnicos e científicos. No entanto, é preciso equilibrar razão e emoção.

Eu era muito ansioso, e ainda sou um pouco, mas invisto na melhoria e melhorei cerca de 70% do que eu era. Então, com isso, acabei de apontar outra área, que é a emocional, na qual você também terá que apontar o objetivo para a sua vida emocional, a fim de equilibrá-la com a racional. Para tudo deve haver um equilíbrio.

Por fim, a área espiritual, talvez a mais necessária. Há quem não goste de trabalhar essa área do nível espiritual, e respeitamos isso; mas, para muitos, há um desejo contido, não confessado, de desenvolver-se espiritualmente ou ao menos dar uma atenção mínima para esse aspecto da vida integral do ser.

Falando por mim, fiquei muito tempo sem frequentar uma igreja, e sei que só estarmos em um ambiente positivamente energético, com elevação alta, já melhora o nosso nível de espiritualidade, a nossa prática, os nossos exercícios rotineiros, e isso tudo é melhor para a nossa atividade pessoal como um todo.

Você pode colocar como objetivo, por exemplo, ler um capítulo da Bíblia por dia, ou orar cinco ou dez minutos diariamente, não somente aquela oração de um minuto enquanto você calça os chinelos ao se levantar da cama. Refiro-me a atitudes que você adotará e que se tornarão diferenciais em sua vida, mas primeiramente mudando as suas rotinas.

Então essas são as áreas em que você precisará definir os objetivos claros do lugar aonde quer chegar. Tenha a clareza de mente de que é possível, já que somos capazes de realizar tudo aquilo que a nossa mente for capaz de imaginar. Se você nem sequer imagina algo, então não será possível chegar a lugar algum.

Veja os atletas de alta performance, que são gente como nós, mas quando estipulam um objetivo, desenham em sua mente, traçam imaginativamente o caminho, se dedicam e chegam lá! Há estudos científicos que comprovam isso, e em meu livro anterior mostrei que, quando um atleta acredita que irá conseguir um objetivo, ele consegue. Do mesmo modo, quando não acredita, não consegue. Por isso é importante imaginar, visualizar, fazer o caminho mental.

Quando faço a oração pela manhã, eu me visualizo indo, conseguindo, rompendo e sabendo que tudo vai dar certo. É assim mesmo! Não duvide. Injete certeza nas coisas que você quer, naquilo que é o seu objetivo para cada uma das áreas vistas aqui, e saiba que é por isso que a dúvida e o medo vibram lá embaixo, porque na dúvida e no medo não concretizamos as coisas que desejamos.

Depois de definir os objetivos nas principais áreas da vida, coloque um prazo, estabeleça o tempo necessário, sem deixar para a vontade de Deus resolver isso por você; não, coloque o seu prazo. Para a maioria dos meus objetivos eu estabeleci um ano, e realizei.

Claro que tem coisas que precisam de mais tempo. Para ser bilionário não dá para colocar como prazo o final de um ano, embora seja possível acontecer alguma reviravolta.

Seja realista com fé, com imaginação, pois há coisas que se podem conquistar em três meses, outras levarão cinco anos, oito anos, vinte anos. É preciso saber mensurar isso, ao menos de forma geral, pois em capítulo mais adiante iremos afunilar os objetivos e metas com prazo.

E não diga que não sabe como será o amanhã, nem como poderá saber quando poderá atingir o seu objetivo, porque a probabilidade é a consequência do que fazemos hoje. Se fizer as coisas continuamente, aquilo irá acontecer daqui a um tempo. Se acontecer um imprevisto muito grande, aí sim será algo que não estava na rotina normal que dependia do seu esforço imaginativo. Mas lembre-se: somos protagonistas da nossa história e vamos direcioná-la para onde queremos ir e chegar.

COLOQUE EM PRÁTICA

Depois de estabelecer o prazo para atingir seus objetivos, acesse a internet e pesquise fotos que representem a imagem do seu sonho para cada área. Faça um mural com imagens, como eu fiz quando, por exemplo, peguei a imagem de um carro azul e postei. Esse é o meu sonho que ainda não atingi.

Eu pesquisei na internet a imagem do carro que mais chamou a minha atenção, que é um Jaguar, um carro não tão comum. Depois, procurei imagem que representasse a espiritualidade, outra que representava o meu corpo físico, como eu gostaria que ele fosse e como gostaria de me vestir. Então coloque imagens que representem suas áreas profissional, financeira, familiar, emocional, da saúde, espiritual e mental. Procure imagens na internet e construa o seu mural.

Como você fará isso? Há duas opções. Pegar essas imagens na internet e imprimir numa gráfica expressa. Na época eu fiz isso, mandei imprimir e fiz meu mural para poder visualizá-lo. A opção mais prática é salvar no seu celular e visualizar sempre na tela do seu aparelho.

É importante montar o mural e sempre voltar a ver as imagens para praticar a formação de crenças. Lembra o exemplo que dei da crença da menina, cuja mãe trabalhava na casa de uma família rica, mas com pessoas ruins, orgulhosas, e que ela passou a acreditar que ricos não prestavam, que são arrogantes, vendo e ouvindo a mãe reclamar todos os dias dos seus patrões? Por coincidência eles eram arrogantes. A menina cresceu ouvindo aquilo, criando uma crença limitante.

COMO FUNCIONA O MURAL DOS SONHOS

Da mesma forma que aprendemos coisas negativas sobre dinheiro, prosperidade, espiritualidade, também podemos aprender coisas positivas, e é isso que iremos fazer. Assim, o Mural dos Sonhos é uma técnica, como no capítulo anterior falei sobre a técnica de verbalizar o que ouvimos por meio de palavras positivas, profetização, leitura bíblica, oração, gratidão, dando informações auditivas.

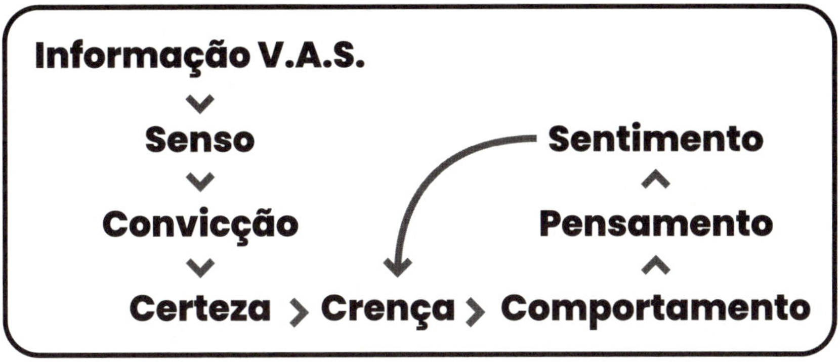

Veja no gráfico a sigla V.A.S.: significa Visão, Audição e Sensitivo ou Sinestésico. Isso é informação visual, estamos visualizando aonde queremos chegar, dando informação, que se tornará uma sensação. Com a informação começamos a pensar, a analisar, a achar que faz certo sentido. Quando começamos a achar que faz sentido, a achar que é possível, estamos repetindo e aprendendo aquilo que passa a ser possível.

Eu achava que não era possível ser milionário. Aos poucos fui aprendendo que era possível e comecei a ver que existia a possibilidade. Aí, começamos a pensar e a imaginar aquela possibilidade e ela vai se tornando uma convicção. Quando se torna uma convicção, passamos a ter certeza, e quando vamos conseguindo ter certeza, vem a crença.

SUBSTITUA AS CRENÇAS LIMITANTES POR CRENÇAS LIBERTADORAS

O que é a crença? A crença é uma certeza absoluta e é por isso que acontece aquilo em que cremos. Temos que substituir as crenças de limitação por crenças em abundância. Por que a pessoa de uma religião recebe um milagre rezando para um santo, enquanto a pessoa em outra religião recebe um milagre orando somente para Jesus e outro para outra entidade? Porque a pessoa é que tem a crença, a fé, a certeza, ela não duvida, e assim o milagre acontece.

Independentemente da religião, os milagres acontecem. Não sabemos como, mas acontecem, porque a crença é uma certeza absoluta.

Quando há uma crença, um comportamento será gerado. Como se cria certo comportamento? Como se cria certo modo de agir?

Quando quis dar palestras, fui fazer curso de oratória. Antes, quando morava no Nordeste, eu falava muito rápido. Então, fiz primeiramente um curso de fonoaudiologia, para melhorar a minha dicção. Depois, fui aprender a dar palestras. Era muito tímido, envergonhado. Hoje penso que explico bem as coisas em que acredito. Mas isso foi fruto de muito, muito estudo e muito treino.

Em pensamento, começamos a imaginar, insistimos mentalmente que aquilo irá dar certo e passamos a colocar sentimento no que imaginamos.

Perceba que realmente Deus é o maior interessado na sua felicidade, e ele quer que você seja próspero. A vida que você almeja vai ser boa, vai ser algo que poderá beneficiar você e mais pessoas. Então, com esse comportamento mental, você retroalimenta a crença, e isso nada mais é do que substituir as crenças de escassez por crenças de abundância, substituir crenças limitantes por crenças possibilitadoras.

Substituindo as crenças que sabotam, aquelas que a pessoa pensa, como "não vai dar certo", "não, não vai não", "vai dar errado", "olha, você é incapaz", você substitui falas. "Tudo posso naquele que me fortalece!" era a afirmação que Paulo, o apóstolo, repetia para si mesmo, e veja até onde ele levou a mensagem do Evangelho! Até hoje essa mensagem está sendo pregada.

Elimine os antigos mantras negativistas e limitadores. Eu tenho uma postagem de mantra no meu Instagram: eu tenho uma partícula divina, em mim habita a luz, amor e prosperidade.

Então começamos a profetizar "hoje o dia será incrível", e com isso começamos a substituir os pensamentos indesejáveis por crenças possibilitadoras.

O que acontece quando fazemos isso? Você se torna encorajado, o seu nível de vibração aumenta, você começa a sair da polaridade baixa e passa para a polaridade mais elevada, deixando de ser negativo para ser mais positivo, e quando você faz isso, as coisas acontecem.

O que é preciso para chegar a esse nível? Fazer o Mural dos Sonhos, colocar na tela do celular ou imprimir e fixar em algum lugar visível qual é o destino aonde quer chegar. A elaboração do Mural dos Sonhos é seu ponto de partida para mudar a visão, estabelecer seus objetivos e alterar seu comportamento, sua ação. Fazendo isso, você estará apto para avançar.

Eu colocava as minhas imagens na cabeceira da cama e, quando ia orar, lá estavam elas. O que eu fazia quando acordava e ia orar? Olhava para o meu Mural dos Sonhos e me imaginava vivendo aquilo. Tenha uma imaginação ativa. Eu penso assim: só depende de mim, porque por Deus a gente já teria alcançado o objetivo.

ALINHE O SEU PENSAMENTO, SENTIMENTO E COMPORTAMENTO

Se eu for *pra cima*, se fizer tudo corretamente, tudo honestamente, não tem como dar errado. Se tem áreas em nossa vida que não se desenvolveram, é porque naquelas áreas a nossa comunicação, nosso comportamento, nossos pensamentos ou sentimentos não estão corretamente alinhados. Porque se estivessem corretamente alinhados, adequadamente ajustados, aquela área da nossa vida romperia. Isso serve para qualquer área: profissional, financeira, familiar, emocional, física, espiritual e mental.

Nós estamos na Terra para usufruir de tudo o que é bom, de tudo que Deus nos proporciona, mas nós fazemos com que isso não aconteça. Acredite, mude suas crenças, ponha seus objetivos diante de seus olhos, altere seu comportamento e mude qualquer área de sua vida que desejar!

AS CRENÇAS LIMITANTES SÃO PENSAMENTOS QUE NOS DESANIMAM, DESENCORAJAM OS SONHOS E IMPEDEM A PROSPERIDADE. A ABUNDÂNCIA ESTÁ NA CONEXÃO COM O CRIADOR.

5

QUINTO SEGREDO

ESTABELEÇA METAS ESPECÍFICAS

O assunto ou princípio a ser aprendido neste capítulo é clássico quando se fala em organização, gestão e, consequentemente, prosperidade: estabeleça metas específicas. Esse é o quinto segredo para enriquecer e, se você não costuma fazer isso em seus projetos, vai começar a pensar seriamente a partir de agora. Sugiro que tome um bloquinho de papel e caneta ou algum outro suporte onde possa fazer anotações, porque quero que este capítulo seja de ação, de prática.

Napoleon Hill foi um homem genial em seu tempo, o criador das 17 Leis do Triunfo, um exaustivo trabalho de pesquisa e entrevistas com mais de quinhentas das pessoas mais brilhantes de seu tempo, de cientistas e milionários nos Estados Unidos. Hoje ele é uma referência mundialmente conhecida, e os *coaches* financeiros, além de todo líder inteligente, fazem uso de suas Leis do Triunfo.

Hill considerava que pessoas que prosperam chegam lá porque estabelecem metas específicas. Ele atribuía a riqueza dessas pessoas, em parte, à criação de metas como hábito. Então, Napoleon Hill diz que se dividir todo o dinheiro do mundo, o dinheiro da população rica, e distribuir para todo mundo em partes iguais, após dez anos, esse dinheiro que tinha sido distribuído em partes iguais voltará para a mão pequena parcela mais rica. Por quê? Porque não adianta querer prosperar se você não tem metas específicas nem a consciência despertada que guie o seu comportamento e as suas atitudes.

As pessoas que têm nível de consciência têm metas específicas, sabem aonde querem chegar.

Saber aonde quer chegar e estabelecer metas diferencia você e te leva ao sucesso, porque a maioria das pessoas leva sua vida sem ter metas claras. Isso é o poder das metas, a importância de ter alvos, e é isso que quero que aprenda neste capítulo.

Estabelecer metas é pensar no futuro e agir no presente.

Quem não estabelece metas pensa no passado e no problema, e o problema prende a pessoa e não deixa que ela avance nem cresça. É preciso ter uma visão de futuro, mas é igualmente necessário começar a agir agora, porque o seu futuro será a consequência do que você fizer hoje. Isso parece clichê, mas é a mais pura verdade.

Não espere acontecer algo miraculoso no futuro sem estabelecer metas alcançáveis hoje. Isso não irá acontecer, porque o futuro é uma construção do presente, das nossas ações hoje.

METAS X TAREFAS

Mas é preciso diferenciar metas de tarefas. A meta é o que você quer para a sua vida, é aonde quer chegar. Já as tarefas são o que você deve fazer para atingir a meta.

No último capítulo falamos sobre o Mural dos Sonhos. No Mural dos Sonhos você já tem metas que estão relacionadas com diversas áreas. Mas lá focamos o modo abrangente, para que você destravasse sua habilidade imaginativa e descritiva. Agora iremos afunilar essas habilidades.

Em meu Mural dos Sonhos, eu tinha a meta de construir dois prédios para locação. Essa foi a minha meta de vida na área financeira. Então, eu tinha outras metas, outros sonhos, outros objetivos, só que na área financeira era essa que eu queria alcançar. Isso seria algo que me possibilitaria ter a independência financeira desejada. Meus prédios carregam um valor simbólico para mim, que é a minha independência financeira, e eles foram meu objetivo de vida financeira.

QUAIS SÃO AS SUAS METAS?

Então, utilizando o bloco de papel, caderno ou bloco de notas do seu celular, anote especificamente o que as suas metas proporcionarão a você quando atingidas. Escolha uma área em seu Mural dos Sonhos e comece por ela, depois estenda esse exercício às demais áreas que você indicou no Mural. Escreva aonde quer chegar na vida em cada área.

Faça isso para evitar cair no erro que Napoleon Hill apontou: que as pessoas levam a vida sem saber aonde querem chegar e, por isso, não prosperam. Faça parte da pequena parcela de pessoas ricas, adquirindo essa característica em comum, que é saber aonde quer chegar.

VOCÊ ATRAI TUDO AQUILO QUE TEME. PORQUE TUDO QUE VOCÊ FOCA CRESCE. ENTÃO NÃO COLOQUE ENERGIA NO MEDO. AJA, APESAR DELE!

Se você está iniciando um negócio, foque em investir tempo, esforço e dinheiro nele; se já tem um negócio e quer que o seu rendimento aumente, coloque metas específicas, como investir nas redes sociais, que é algo que tem dado retornos significativos, por exemplo. Ainda não precisa especificar, colocando o passo a passo; apenas monte o cenário que você deseja para o futuro na área determinada.

Não anote que quer ter dinheiro para esbanjar, ou para emprestar e, se a pessoa não puder pagar, você não se importará, porque não fará falta para você. Isso não é uma meta específica. Meta específica é ter retiradas ou ter um salário de R$ 20 mil mensais, ou ter uma casa própria (não genericamente dizer que quer ter vários imóveis), ter um bom carro para os finais de semana e outro para ir trabalhar, ou ter uma casa na cidade e outra na praia ou no campo e ter condições de mantê-las e poder ir a elas aos finais de semana e passar as férias, ou ter seu próprio negócio com funcionários (e diga quantos!), ou ampliar seu negócio para uma rede, ter cinquenta funcionários na sua empresa (é uma excelente meta, porque a quantidade de funcionários mede a riqueza pretendida), ou viajar e conhecer novos lugares em tais continentes. Esses são exemplos de metas gerais que precisam ser escritas, ser comunicadas.

O que estamos tentando fazer com esse exercício? Trazer à existência o que não existe. O que não existe? Na sua mente, suas metas ainda não existem; mas lembre-se de que só alcançamos e realizamos aquilo que está em nossa mente. Lembre-se dos primeiros capítulos quando falamos sobre isso.

Minha mãe colocou como meta pagar a faculdade de medicina da sua neta, e ela conseguiu. Uma faculdade de medicina tem mensalidades na ordem de R$ 10 mil por mês! Imagine esse valor sendo gasto durante seis anos. Foi uma meta em que ela pôs e sacrificou tudo. Custou tudo da minha mãe. Mas ela realizou, e isso já nos traz muita satisfação e senso de realização, além de ensinar que a nossa meta irá nos custar muito. Lógico, não pode custar a nossa saúde, não pode custar a nossa paz, não pode custar essas coisas que o dinheiro não compra, mas irá custar muito de alguma parte de nós ou do nosso tempo e energia.

O atingimento da meta tem que seguir alguns critérios, para não perdermos o foco. Quando não temos metas, qualquer coisa nos faz perder o foco. Quando você não tem metas e está buscando dinheiro, se entrar em um shopping, irá comprar uma blusa de que não precisa, irá comprar um par de tênis de que não necessita. Mas se você tem uma meta forte, que é o que estamos tentando estabelecer, você será orientado por ela e não se desviará do seu foco, não importa a promoção que seja feita na Black Friday.

E o que é necessário para estabelecer as metas específicas? Há sete princípios que serão indicados agora.

PRIMEIRO PRINCÍPIO: ESCREVER AS METAS DE FORMA POSITIVA

O que isso quer dizer? Quando for estabelecer a meta, manifeste por escrito aquilo que você quer, não o que não quer. Porque, quando diz o que *não quer*, você foca o problema. Por exemplo, a pessoa coloca como meta se casar, e diz: eu quero alguém que *não* fume. Quando se focam os pontos negativos, tudo aquilo que a gente foca se expande.

Se disser: "*Não* pense num elefante branco, *não* pense num elefante branco", o que irá acontecer? Você pensará em um elefante branco. Então, a meta não pode ser posta de forma negativa, mas de forma positiva. Não escreva: "Eu quero ter dinheiro a ponto de *não* ter que ir de ônibus". "A ponto de *não*..." está de forma negativa. Não use a palavra "não" em nada, porque quando dizemos coisas negativas, induzimos o nosso cérebro àquilo. Ele não distingue se é para acontecer ou se não é para acontecer. Já falamos sobre isso.

SEGUNDO PRINCÍPIO: AS METAS PRECISAM SER DESAFIADORAS, MAS REALISTAS

Elas não podem ser muito fáceis, senão não estimulam nem desafiam. Elas devem exigir algum sacrifício, mas não podem ser algo impossível de ser atingido, para não desmotivarem. Uma meta fácil demais desmotiva, uma meta difícil demais também. Ela deve ser desafiadora, mas ao mesmo tempo que desafiar, tem que ser realista.

Quando fiz meu Mural dos Sonhos, fiz inconscientemente. Mas ao aplicar o critério do realismo, a meta não bateu. Eu coloquei "ser bilionário", mas vi que isso era apenas uma vontade minha, contudo insisti em colocar como meta ser bilionário. Quando fui descrever as tarefas, a minha meta de ser bilionário não era alcançável. Isso prova que é preciso ter clareza e ser realista, pois a falta de clareza na meta impede a gente de realizar o nosso sonho.

TERCEIRO PRINCÍPIO: AS METAS PRECISAM ESTAR SOB O SEU COMANDO

Metas devem estar sob o seu comando direto ou indireto. Elas não podem depender da ação de outra pessoa. Devem depender somente de você. Então, não crie uma meta que, para atingi-la, você tenha que contar ou depender integralmente de outra pessoa. Se você depender de outra pessoa para realizar sonhos e metas, essa meta não estará sob seu comando.

Agora sugiro que faça outro exercício, que é descrever o que precisa fazer para atingir a sua meta. Quero dar como exemplo uma pessoa que pretende inaugurar uma clínica de psicoterapia, ou um espaço terapêutico. Uma coisa que essa pessoa precisará fazer imediatamente é saber o local onde a clínica funcionará, estudar viabilidade, fluxo de pessoas/clientes, visibilidade do ponto, renda média na região etc. Isso é parte da descrição para o atingimento da meta e você deverá refletir sobre quais passos serão necessários para alcançar a sua meta. No caso da clínica, a pessoa também deverá se informar sobre questões legais, legislação, burocracia relacionada a esse tipo de atividade. Consultar um contador poderá ser útil nesse caso.

Outra pergunta que ajudará a descrever as tarefas é: "o que você precisa fazer de diferente para atingir a sua meta?". Um exemplo pode ser trabalhar mais que a média das pessoas da sua categoria, começar mais cedo ou ir até mais tarde nos dias úteis, ou quem sabe trabalhar aos sábados! Isso não deixa de ser um diferencial.

Outra pergunta que ajuda a esclarecer esse ponto é identificar quais são as pessoas que ajudarão você a cumprir a sua meta. Isso não significa depender delas, senão eu estaria sendo contraditório. Que tipo de profissionais você precisará ter por perto, sem que fique refém deles?

QUARTO PRINCÍPIO: AS METAS DEVEM SER MENSURÁVEIS

Meta mensurável é aquela meta que é passível de ser medida e acompanhada em sua evolução dentro de um prazo predeterminado.

Toda meta tem que ter um prazo para ser atingida. Há quatro modos de fixar prazos para atingir metas. Existem metas de curtíssimo prazo, de curto prazo, de médio prazo e de longo prazo. As metas de curtíssimo prazo costumo dizer que são aquelas para serem atingidas em uma média de três meses. Por exemplo, uma meta de curtíssimo prazo poderia ser aprender educação financeira; em três meses dá tempo. Uma meta de curto prazo é para um ano, como fazer um curso de capacitação. Uma meta de médio prazo eu considero aquela que leva cinco anos para ser alcançada. Nesse prazo, pode-se colocar como meta se tornar outra pessoa, mudar completamente seu *mindset* ou aprender outra profissão. E, por último, as metas de longo prazo, com dez anos para serem atingidas. Em dez anos dá para se tornar um milionário. No meu livro anterior expliquei isso. Se a pessoa juntar R$ 5 mil todo mês, separá-los e fizer uma aplicação, dessas que dão 1% ao mês, ela se tornará milionária em dez anos.

QUINTO PRINCÍPIO: AS METAS EXIGEM RECURSO

Que recursos você tem para atingir sua meta? O que você tem no momento? Se a meta é ser um profissional de ponta, requisitado pelo mercado, tem que ter boa formação, com graduação e pós-graduação. Se for abrir uma empresa, precisará de capital para investir, um ponto comercial, entre outros recursos, dependendo do ramo de atividade.

Toda meta exigirá recursos. Ter talento também é um grande diferencial que se constitui em recurso. Quem não tem talento, mas tem força de vontade, pode adquirir técnica. A técnica pode não substituir o talento, mas é um diferencial importante e requisitado pelo mercado. Eu fui treinar habilidades para falar em público, como já mencionei, porque não tinha a técnica nem o talento, mas tinha força de vontade e desejo de me tornar um palestrante.

Outra questão importante nessa área é sobre quais recursos você mais precisa para atingir a sua meta. Quais são as áreas mais deficientes para você hoje? Elas exigirão mais esforço e empenho. Anote tudo o que se lembrar, para não esquecer, porque na correria muitas vezes deixamos para trás pontos importantes e depois nos arrependemos.

SEXTO PRINCÍPIO: AS METAS DEVEM SER ECOLÓGICAS OU RELEVANTES

Por ecológica entendemos que é a situação quando o seu plano, o seu projeto, envolve mais pessoas. Um projeto que se preze não pode envolver só uma pessoa, porque isso não seria ecológico, não seria relevante, porque não beneficiaria mais pessoas.

Se seu objetivo é ter um sítio porque quer reunir a família, isso é relevante, porque ficar só em um final de semana, usufruindo individualmente, é dispensável enquanto projeto.

Eu já tive como meta ficar famoso. Eu queria ser famoso. Mas para que serve essa meta? Que relevância tem eu me tornar famoso? A meta estava totalmente errada. Eu queria ter o selo azul, a certificação usada pelos famosos no Instagram há uns anos. E lembro do meu terapeuta perguntando para que eu queria o selo azul. No fundo, eu queria o status que o selo azul do Instagram dava, porque quem tinha o selo azul era bem-visto no mundo das redes sociais, e eu queria isso. Hoje qualquer pessoa pode comprar o selo, o que mostra que meu terapeuta estava certo.

Aos poucos fomos trabalhando e fui entendendo que isso não significava ser uma pessoa relevante; eu precisava trabalhar para justificar a posse do selo, para que as pessoas pudessem me ver como um profissional. Quando fiz o livro *Do abacate ao milhão*, aí a coisa começou a ganhar sentido, e aconteceu. Mas se não for para ser relevante, você parecerá (e poderá realmente ser) muito egoísta, o que é algo do ego, e isso não queremos para nós.

DESCREVA CADA TAREFA

As metas devem ter um plano de ação. Esse princípio é autoexplicativo, pois diz respeito ao modo como a sua meta será atingida, os passos, a estratégia e implementação de energia, recursos etc.

Este capítulo, então, não termina aqui. Você irá escrever muito agora. Faça o seu plano de ação, as tarefas que precisará realizar para chegar lá. E anote tudo!

Mas lembre-se de que em seu plano de ação não poderão faltar as seguintes tarefas:

1. Investir no plano de marketing;
2. Capacitar-se;
3. Ter mais funcionários;
4.
5.
6.
7.
8.
9. Ter mais clientes;
10. Ter ou fazer promoções;
11.

Então, agora, escreva, faça a lista de tarefas baseadas em um objetivo específico, com uma meta positiva, desafiadora, sob o seu comando, que seja mensurável, que exija recursos relevantes. Descreva as tarefas meticulosamente e não gaste energia com aquilo que é dispensável e irrelevante. Somente assim será possível realizar os seus objetivos, sonhar e vê-los realizados.

Além de poder sonhar com uma meta, com um objetivo específico, você poderá usar essa metodologia em tudo na sua vida, e alcançará tudo aquilo que quiser.

O segredo é tentar, tentar, tentar e só parar quando realizar o seu sonho. Se você tentar a vida toda alcançar o que quer e só parar quando realizar, você alcançará o seu sonho. Mas, se diante das dificuldades você pensar em parar, você não alcançará nada, nem mesmo as coisas mais simples.

Muitas vezes, diante das dificuldades, ouvi aquela voz fraca, e fiquei pensando por algum momento. A minha energia baixou, porque eu não estava fazendo os meus exercícios rotineiros. E, diante de uma dificuldade, hoje, eu sei como reagir a isso e sigo nos meus propósitos.

Essa é a lição deste capítulo e deixo como exemplo a minha vida e a de muitos outros que, como ensinou Napoleon Hill, colocaram metas claras, objetivas, específicas, atingíveis e mensuráveis diante de seus olhos e partiram para cima com energia e garra.

A MÁGOA É UM BLOQUEADOR DA ABUNDÂNCIA, POIS FORMA UMA CAMADA DENSA QUE IMPEDE AS BÊNÇÃOS DE CHEGAREM ATÉ VOCÊ.

6

SEXTO SEGREDO

APRENDA A TER AUTOCONTROLE SOBRE OS GASTOS

Este é o capítulo que apresenta o sexto segredo para atingir a prosperidade. Vamos nos deter em aprender o autocontrole sobre os gastos, que é um assunto chato, eu sei, mas de fundamental importância. E é chato porque ninguém quer aprender a economizar, ninguém quer aprender a não gastar, já que para não gastar é preciso aprender. Para gastar não é preciso aprender nada: basta ir ao comércio e deixar acontecer. Ao contrário, economizar e ter controle sobre os gastos exige o uso da cabeça, que é ter consciência.

Acredito que na conquista do primeiro milhão e da independência financeira, como na conquista da prosperidade de modo geral, esse é um dos pontos mais difíceis de se praticar. Todos sabem que não podemos ficar gastando à toa, e que isso é igual a fumar. Fumar faz mal e todos sabem. Mas só saber não é suficiente para colocar em prática, porque saber o que se deve fazer todos sabem.

O primeiro cuidado neste passo é identificar os gastos, ter consciência das despesas, de todos elas. Será preciso fazer uma atividade para chegar a essa consciência. Pegue papel e caneta ou o bloco de notas do seu celular e crie uma simples planilha. Quando escrevemos ou digitamos, aprendemos.

Renda familiar:	

Despesas	**Previstas**
Prestação/aluguel	
Condomínio	
Impostos	
Água	
Gás	
Luz	
Telefone	
Empregada	
Supermercado	
Açougue	
Feira	
Padaria	
Escola	
Mesada dos filhos	
Farmácia	
Planos de saúde	
Combustível/transporte	
Cinema/teatro	
Bar/restaurante/lanchonete	
Salão de beleza	
Outros compromissos eventuais	
Reserva	
TOTAL	

Renda familiar:	
Despesas realizadas:	
Diferença ou saldo:	

Escreva na parte de cima a palavra Gastos, ou Despesas, e dê mais espaço para discriminar que tipo de gastos você tem. Anote o tipo de despesa e o valor que ela tem na mesma linha. Embaixo de tudo, coloque a soma total dos seus gastos.

Lembre-se dos gastos com mercado, despesas com água, luz, telefone, condomínio, aluguel, transporte, estudos, academia, aplicativos como Spotify ou Netflix, internet, seguro (se tiver), planos de saúde, dentista, farmácia, prestações, saídas para entretenimento, roupas, cosméticos, impostos (IPTU, IPVA e outros), taxas em banco. Tudo deve ser anotado.

Depois de descrever tudo o que sai de sua conta pessoal, todas as suas despesas e somar até chegar ao valor mensal de gastos, você começará a adquirir consciência dessa situação em sua vida. Com isso, terá dado um importante passo, uma vez que a maioria esmagadora da população sequer pensa em fazer esse exercício.

Há três áreas mais difíceis de se ter autocontrole. A primeira é a sexual, pois o sexo é um dos maiores prazeres que se pode ter no mundo. A segunda é a da alimentação, pois a alimentação é uma das gratificações mais instantâneas de que dispomos. A pessoa está mal, está chateada, está triste, quer prazer rápido, antidepressivo? Ela come uma coisa bem gostosa e sente aquele prazer, aquela satisfação. A terceira coisa mais difícil de se ter autocontrole é com gastos nas compras. A compra dá prazer imediato. Está triste? Compre algo, mesmo que não necessite daquilo. Entenda isso e abra o seu olho a partir de hoje, e quando terminar de ler este capítulo, passe a vigiar os seus gatilhos para prazeres imediatos e você terá dado um importante passo no caminho para a prosperidade.

Eu quero contar uma história que trará muito aprendizado sobre isso, e essa história tem relação com o sexto passo que estamos dando neste capítulo, que é aprender e adquirir autocontrole sobre os gastos, princípio utilizado não somente no mundo da riqueza, no

JAMAIS DIGA “NÃO POSSO”. SUBSTITUA POR “POSSO FAZER QUALQUER COISA GRAÇAS A DEUS”. ELE É O CRIADOR DE TUDO E NÓS SOMOS COCRIADORES DA REALIDADE QUE DESEJAMOS VIVER.

---

mundo das finanças e da prosperidade, pois o autocontrole pode – e deve – ser aplicado em qualquer área da sua vida. Na Cabala se usa o termo restrição quando se fala desse princípio, que é o oposto das gratificações instantâneas.

José do Egito era um rapaz de 17 anos, que morava em Canaã há cerca de quatro mil anos. José era filho de Jacob com Raquel, a mulher que ele amava muito, e José tinha onze irmãos. José era o filho mais amado de seu pai.

Um dia José teve um sonho. Resumindo a história de José, ele sonhou que sua família se prostrava diante dele. A interpretação do sonho é que toda a sua família se prostraria diante dele um dia. Seus irmãos não gostaram da interpretação e ficaram com inveja de José. Somando outras situações que os seus irmãos não gostaram, eles tramaram matar o jovem. Um de seus irmãos interveio para impedir o crime, mas mesmo assim acabaram vendendo José como escravo para o Egito.

Os comerciantes árabes que compraram José o revenderam a Potifar, um dos oficiais do governador do Egito. Trabalhando para Potifar, José se tornou a pessoa mais responsável e de maior confiança na casa do oficial.

José era muito bonito, tinha uma beleza atraente. A mulher de Potifar se sentiu atraída por José e passou a seduzi-lo. A mulher devia ser muito linda, e ele certamente sentiu desejo por ela. José a via e notava a sua beleza.

Certo dia, ela avançou os limites e tentou tocá-lo. Mas, por mais que ele tenha se sentido atraído e a tivesse desejado, José pensou na confiança que Potifar, seu dono, depositara nele. Ele considerou não ser justo pecar contra o seu senhor. Então, ao notar a mulher puxando-o para junto do corpo dela, José se desvencilhou a fim de fugir, mas como ela já tinha segurado a sua veste, ao fugir José deixou a peça de roupa rasgada para trás e correu.

Então, o que ela fez para se vingar? Ficou com a peça de roupa dele e a mostrou ao marido, acusando José de ter tentado abusar sexualmente dela. Naquela cultura havia uma regra: se a roupa estivesse rasgada na frente, é porque a mulher estava puxando o homem para ele não a assediar. Se a roupa estivesse rasgada pelas costas, é porque ele estava correndo na tentativa de fugir. E a roupa de José estava rasgada onde? Exatamente nas costas, porque ele não queria o contato.

Mesmo assim, Potifar ficou muito furioso e mandou prender José, condenando-o. Na prisão, José conheceu um padeiro e um mordomo do rei, ambos presos. Eles tiveram um sonho e José interpretou cada um deles. José era muito inteligente e sabia fazer a leitura dos sinais, dos símbolos e dos sonhos, no qual o padeiro seria morto e o mordomo seria reconduzido à sua profissão em três dias. E assim aconteceu.

José pediu ao homem que foi reconduzido ao seu posto de trabalho que se lembrasse dele quando estivesse diante do rei. Mas embora os sonhos tivessem se cumprido exatamente como José disse, o sujeito não se lembrou dele ao voltar ao seu trabalho com o rei. Depois de dois anos, José ainda estava na prisão. Ele ficou preso por doze anos no total.

Acontece que o rei também teve um sonho e mandou chamar todos os sábios para interpretar o que tinha sonhado.

Ninguém conseguiu decifrar o sonho do rei. Várias pessoas tentaram dar a interpretação e não tiveram sucesso. O mordomo do rei, que depois da prisão tinha sido reconduzido ao seu posto, se lembrou de José e disse conhecer um homem na prisão que tinha habilidade de interpretar sonhos. O rei mandou chamar José imediatamente.

José foi ao rei e interpretou o seu sonho. Deu detalhes sobre o período de sete anos de prosperidade que o país viveria, mas também interpretou o problema grave que o Egito enfrentaria e deu a estratégia para superar o que aconteceria: uma fome muito severa que igualmente duraria sete anos.

O rei tinha dito que quem se dispusesse a interpretar o sonho antes teria que descobrir o que ele tinha sonhado. Veja que situação difícil! Mas quando José terminou de falar, o rei disse que ele tinha acertado o sonho, e a estratégia que apresentou foi a única que estava disponível para o povo não morrer de fome no final dos sete anos de carência. O rei, então, foi aconselhado por José a chamar alguém para administrar as colheitas durante os sete anos de prosperidade e a poupar ao máximo, porque depois dos sete primeiros anos viria o tempo de escassez, quando toda a região seria castigada com a fome.

O rei, admirado com a sabedoria de José, não viu outra opção a não ser colocá-lo para fazer a gestão dos recursos de todo o império egípcio. O homem mais poderoso daquela época agora teria como seu vice, como segundo homem mais importante, aquele que tinha acabado de sair da prisão. José foi empossado vice-governador do Egito naquele dia.

Por fim, chegaram os sete anos de escassez. De Canaã, a família de José foi até o Egito, porque soube que lá era o único lugar que tinha abundância de alimentos. Chegando no país, José revelou quem era, perdoou-os e disse que tudo o que tinha acontecido não era culpa deles, mas era Deus que estava por trás de todos os acontecimentos. Afinal, décadas se passaram desde que ele fora vendido por seus irmãos, e o rei ordenou que a família de José, seu vice, ficasse morando na região norte do país, porque lá era um bom lugar para a atividade que eles desenvolviam, que era a pecuária, com rebanhos de ovelhas.

Essa é a linda história de José.

Mas, além da beleza e comoção, essa história nos leva à reflexão sobre importantes pontos do caminho da prosperidade e a vida de José. A Cabala diz que a história de José tem muitos códigos, muitos segredos. E é por isso que eu quero que este capítulo promova uma mudança de chave em sua mente, pois sei do potencial do que estou ensinando.

Vamos aos pontos?

VISÃO CLARA DE FUTURO

O primeiro ponto é ter uma visão clara do futuro que você pretende viver e desfrutar. Tenha uma visão clara do seu sonho, do futuro que pretende viver. José teve essa visão quando sonhou que os seus irmãos se prostrariam diante dele. Quando seus irmãos foram ao Egito em busca de alimento, eles tiveram que se prostrar diante do vice-governador, sem saber que era José quem estava ali. Então, o sonho de José se realizou.

Você fez o Mural dos Sonhos. Ele não te deixa esquecer aonde quer chegar, e aquilo não é uma fantasia; ao contrário, encare-o com seriedade e fé. Daí a importância de se ter um sonho objetivo específico. Quando se tem um sonho definido e se compromete com ele, você não abandona o que está diante de seus olhos, mesmo que esteja apenas na imaginação. Então, não se esqueça: tenha um sonho e não o abandone. José teve um sonho, uma visão que veio de Deus, e quando sonhamos os sonhos de Deus, eles fazem bem para nós e fazem bem para mais pessoas.

NÃO CONTE A NINGUÉM SEU SONHO NO INÍCIO

O segundo ponto é algo que sempre recomendo: não conte a ninguém os seus sonhos no início da gestação, nem mesmo para seus irmãos. Se quiser contar para o pai ou para a mãe, conte, mas para irmãos não conte nada, porque no início um sonho ainda não se materializou, a sua energia ainda não se concretizou e qualquer energia negativa pode afetar aquilo. Lembre-se de que tudo começa no pensamento, onde as coisas se formam, como se fosse um embrião.

Quem conta seus sonhos ainda em formação irá reclamar depois de ter sido injustiçado, de não ter tido chances na vida e tudo o mais. Embora tivesse contado o seu sonho, José teve o autocontrole para não reclamar em nenhum momento, mesmo tendo sido preso por doze anos injustamente.

FAÇA TUDO COM EXCELÊNCIA

O terceiro ponto a ser aprendido é: dê o melhor de si onde você estiver. O que quer que faça, faça com excelência, o que quer que seja, seja o melhor. É professor? Seja o melhor professor. É *coach*? É profissional de educação física? É gestor? É vendedor? É administrador? É empreendedor? Seja o melhor naquilo que fizer. Seja uma pessoa proeminente onde você estiver e lute para ser bom no que faz.

José foi bom em tudo o que fez. Ele estava preso, foi escravizado e levado para trabalhar na casa de Potifar. Potifar teve tanta confiança nele que designou toda a administração de sua casa a ele. A história conta que Potifar não tinha que se preocupar com nada na vida, apenas com a hora de comer, porque José cuidava de todas as coisas de seu senhor e foi fiel quando a esposa de Potifar quis usá-lo para trair o marido.

Na prisão também; ele teve tanta confiança dos companheiros de cela e empenhou sua palavra de tal modo que se tornou o carcereiro daquele lugar, mesmo sendo um dos presos! Ele era o preso que tinha as chaves dos presos: você consegue imaginar isso? Então, ele era o melhor onde quer que estivesse. Nós também temos que ser os melhores no que fizermos.

TER CONTROLE DA MENTE SOBRE A MATÉRIA

O quarto ponto é chave nesse processo. Ele diz respeito a ter o controle da mente sobre a matéria. E isso precisamos aprender. Pela força da nossa mente, temos que ter controle sobre a matéria, aprender a fazer as restrições para não sofrermos curtos-circuitos. Isso é ter o poder da mente sobre a matéria, isso é ter autocontrole.

José se sentiu atraído pela mulher de Potifar. Mulher bonita, ele novo e bonito. Mas foi capaz de restringir a maior vontade que tinha naquele momento. E ele venceu isso aplicando o poder da mente sobre a matéria, exercendo autocontrole. E mesmo assim José foi preso.

O RESULTADO DE NOSSAS AÇÕES NÃO É IMEDIATO

O quinto ponto nos leva a aprendermos outro aspecto, o de que o resultado das nossas ações não é imediato. Muitas vezes achamos que, fazendo uma coisa agora, já temos que colher os frutos. É fácil vermos pessoas eficientes que não suportam o passar do tempo e ficam inconformadas pelo fato de ninguém as reconhecer por sua eficiência. Mas esse reconhecimento merecido não é rápido, não é imediato; ele demora a acontecer, e quem tem autocontrole não se desespera, mas consegue aguardar até que o dia glorioso chegue.

A demora também acontece nas consequências do que fazemos de errado. A pessoa quer dar a si um presente para suprir alguma carência, vai fazer *shoppingterapia*. Vê algo de que gosta, não pode comprar, mas passa no cartão, parcela e se endivida. Faz isso sem um planejamento e lá na frente, não agora, essa decisão errada, feita sem consciência, sem exercer autocontrole, vai se juntar com outra dívida, e com outra dívida, e vai te fazer mal. Isso vale para tudo o que não é planejado, mas é executado sem autocontrole. Portanto, esteja atento ao fato de que o resultado das nossas ações não é imediato, mas certamente ele virá.

Aprenda a passar vontade. Quem passa vontade mostra que tem coragem. Para mim, uma pessoa que sabe passar vontade demonstra quão grande ela é. Costumo dizer que quanto mais "nãos" dizemos na vida, mais mostramos o quanto somos grandes.

SÓ QUEM VENCE A REJEIÇÃO ESTÁ PRONTO PARA REINAR

O sexto ponto a ser aprendido é que somente quem vence situações de humilhação, de rejeição, de abandono, de injustiça, está pronto para reinar. José venceu tudo isso, então ficou pronto para reinar. Quer ser reconhecido? Quer se tornar um líder? Quer ser cabeça e não cauda? Quer ser proeminente? Então você terá que passar por situações que irão diminuir você, mas isso acontecerá somente na aparência, porque internamente você estará sendo preparado para reinar.

TUDO TEM UM PROPÓSITO

Não reclame, todas as situações que nos sobrevêm são para nosso aprendizado e aperfeiçoamento. Por mais triste que pareça no momento, o final do processo revelará algo maior e mais nobre.

José não culpou os seus irmãos, ele os perdoou e seguiu em frente. Ele aceitou o sofrimento que sobreveio como forma de amadurecimento para prepará-lo a viver coisas maiores.

O Criador quer te tirar da zona de conforto porque zona de conforto é morte lenta.

Lembre-se de que as maiores luzes se revelam após os momentos de escuridão.

Não seja aquela pessoa que encara tudo o que acontece de ruim ou de mal como se não fosse aproveitável ou fosse apenas fruto de injustiças. Se aconteceu, é porque era para quebrar o ego e o orgulho ou outra característica que era preciso sair de você para te melhorar e fazê-lo ficar mais forte. Aprenda a ver os problemas e as dificuldades com bons olhos. Jesus disse que se os nossos olhos forem bons, todo o nosso corpo terá luz. Olha que lindo isso é!

VAMOS APRENDER DE UMA VEZ POR TODAS A ECONOMIZAR

Agora, na parte final deste capítulo, quero apontar as dicas práticas para você colocar em sua vida e ter uma atitude de economia para seguir em frente e de modo acelerado rumo à sua prosperidade. Vamos a elas?

VIVA UM NÍVEL ABAIXO DO SEU

A primeira dica é procurar viver um nível abaixo do seu. Quando fui estudar em São Paulo, eu vivi uns três níveis abaixo do meu. E até hoje vivo um nível abaixo daquele que a minha situação financeira poderia me manter, mas opto por não viver no limite, crio uma margem e faço isso vivendo um nível abaixo do meu padrão de vida.

Pessoas que querem alcançar o seu primeiro milhão devem viver no nível abaixo da sua própria condição. Muita gente gosta de viver níveis acima do que a sua capacidade financeira lhe permite. Essas pessoas, por mais que queiram, jamais prosperarão. Enquanto se está construindo riqueza, não é o tempo de desfrutar essa riqueza. Somente quando tiver alcançado a meta, o objetivo, quando estiver de posse do seu primeiro milhão, então viva no seu nível. Até lá, não é a hora ainda; então, viva no nível abaixo.

NÃO FAÇA EMPRÉSTIMOS

A segunda dica é não fazer empréstimos. Não use o limite da sua conta também, porque isso vai te prejudicar do mesmo modo ou de modo ainda pior. Há uma situação em que se poderia fazer isso, no caso de problemas de saúde.

NÃO PARCELE SUA FATURA DO CARTÃO DE CRÉDITO

A terceira dica é não parcelar a fatura do cartão de crédito. Aliás, tenha só um cartão de crédito, e isso já bastará. Se você tiver mais de um, quebre o excedente hoje mesmo. Quem usa mais de um cartão de crédito não está tendo controle da sua vida financeira pessoal. Eu estou me referindo à situação da vida particular, não no caso de ter uma empresa, que é outra coisa.

SAIA DO CONSUMISMO

A quarta dica para se aprender a colocar em prática uma vida de economia para alcançar a prosperidade é sair imediatamente do consumismo. Quem vive comprando, comprando e comprando sofre de compulsão, o que não é saudável. Falamos sobre a energia, e quando ela não está boa, um dos recursos para se "curar" isso é sair para comprar coisas das quais não precisamos. Assim, facilmente nos conectamos com energias erradas ao fazer isso. Então, se estiver vivendo em consumismo, cuide primeiro de elevar a sua energia, e todas as coisas em redor irão se harmonizar e contribuir com a sua prosperidade.

LIMPE O SEU NOME

Hoje, no Brasil, cerca de 70% das pessoas estão com o nome negativado. Estar endividado significa que se está prejudicando outras pessoas, aquelas para as quais se deve. Quem prejudica terceiros não irá prosperar enquanto não quitar a sua dívida, porque prejudicar uma pessoa produz um efeito negativo contra si mesmo. Aquilo que se faz de mal a quem quer que seja irá voltar como fruto que se plantou quando a dívida foi contraída. Portanto, é preciso, antes de tudo, fazer um levantamento das dívidas, negociar, se for o caso, quitá-las e então passar a semear coisas boas que gerem prosperidade verdadeira, segura e grandiosa. Lembre-se disso.

CORTE OS SUPÉRFLUOS

A quinta dica para quem quer enriquecer é mudar o estilo de gastos de uma forma bem desafiadora, cortando os supérfluos, todos eles. É duro, mas essa tem que ser uma atitude realmente radical, ficando somente com as despesas essenciais, como alimentação, material de higiene, moradia, farmácia, transporte.

Há aplicativos, *streamings* e plataformas digitais sem os quais podemos viver tranquilamente. Não veja esses gastos como algo para a sua "qualidade de vida" até que consiga atingir a meta proposta. Aprenda a fazer sacrifícios enquanto não dá para suprir todas as suas vontades e desejos. Para isso, trabalhe a questão da sua inteligência emocional até que tenha condições de adquirir o que a sua vontade e o seu desejo querem, mas somente quando tiver recursos de sobra para isso. Seja agora o protagonista da sua vida!

Se costuma ficar muito tempo assistindo à Netflix em vez de ir aprender alguma coisa nova, estudar, orar, ler a Bíblia, trabalhar mais, fazer hora extra, se não alcançou ainda o seu primeiro milhão, não é hora de descansar nem de maratonar séries. Quem quer se tornar um milionário, deve saber que terá que pagar o preço e adquirir a mentalidade de milionário.

Se a sua ambição não é se tornar um milionário, se quer continuar tendo uma vida como a que tem hoje, então continue fazendo as coisas como sempre foram feitas. Mas se quer resultados diferentes, vai precisar dar os passos que ensinei neste capítulo.

E vamos em frente, pois ainda não terminamos a nossa jornada!

EXISTEM EMOÇÕES DE ENERGIA ELEVADA QUE GERAM UMA VIDA ABUNDANTE: ACEITAÇÃO, RAZÃO, AMOR, PERDÃO, EMPATIA, GENEROSIDADE, ALEGRIA, HARMONIA, GRATIDÃO E ENTUSIASMO.

7

SÉTIMO SEGREDO

ADQUIRA O HÁBITO DE POUPAR

O caminho para se desvendar o segredo da prosperidade e se tornar um milionário está quase cumprido, e com este novo capítulo quero que tome consciência sobre o hábito de poupar. Habitue-se a poupar. Adquira o hábito de poupar.

De agora em diante os assuntos serão mais delicados, porque tocarei naqueles temas que todo mundo sabe, mas não costuma praticar.

Tem uma frase que eu gosto muito e diz assim:

> **"Se você não encontrar uma forma de ganhar dinheiro enquanto dorme, você irá trabalhar até morrer".**

É uma frase bem forte, bem impactante. Nenhum de nós quer passar para a velhice trabalhando. Queremos viajar, ter saúde e tantas coisas boas.

Veja este quadro de aposentados no Brasil:

Vemos que 25% dos aposentados no Brasil precisam trabalhar depois dos 65, 70 anos, porque o dinheiro que ganham não é suficiente para sustentá-los. A maior fatia do gráfico mostra que 46% dos aposentados no Brasil dependem dos parentes, precisam pedir ajuda, sujeitando-se e se submetendo a receber uma mensalidade dos parentes, ou seja, quase a metade da situação dos aposentados brasileiros é precária. Já 28% dependem de caridade, isto é, doações. Apenas 1% dos aposentados consegue sobreviver da sua aposentadoria, e é a menor fatia do gráfico.

Para estar nessa última condição, você vai ter que se habituar a poupar. Esse 1% é composto por pessoas que aprenderam esse segredo. Esta é a primeira reflexão que você deve fazer: sobre a necessidade de poupar, para você se tornar um aposentado independente e não depender de caridade ou de parente ou ter que trabalhar aos 60, 70, 80 anos de idade a fim de compor a sua aposentadoria. Mas não só por isso, porque a riqueza pode ser desfrutada antes da nossa velhice, quando a alcançamos em tempo.

PESSOAS COMUNS X PESSOAS RICAS

Outra imagem importante é a da pirâmide invertida. A primeira pirâmide representa as *pessoas comuns*. Na sua base está o custo de vida, e sabemos que as pessoas comuns acabam gastando mais dinheiro do que necessitam para bancar o seu custo de vida. Foi isso que procurei demonstrar quando falamos sobre os gastos que você tem e para onde eles vão. Note que 90% ou 95% desses gastos estão indo para o custo de vida.

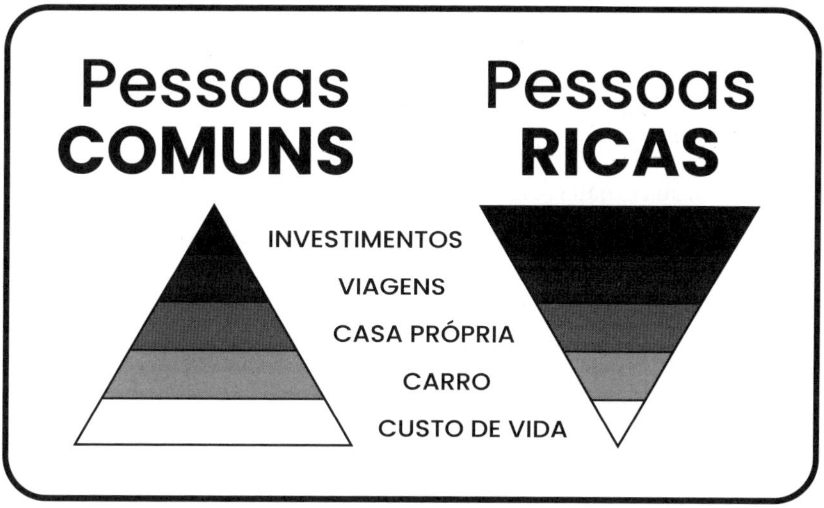

Depois vêm os custos com automóvel e moradia, por exemplo. Ter um automóvel exige gastos que nem sempre se justificam e é preciso avaliar a necessidade de ter um, diante das facilidades de hoje, como Uber. A faixa que apresenta quem faz investimentos mostra que são pouquíssimas pessoas. Esse é o gráfico de pessoas comuns.

Mas existe o gráfico do investimento feito pelas pessoas ricas e milionárias, aquelas que têm um nível de consciência elevado e de como elas aplicam seus recursos. O custo de vida dessas pessoas é baixíssimo. Esse é o segredo. Quando digo para se ter um nível de custo de vida baixo, mesmo tendo dinheiro aplicado, é para se baixarem ainda mais os gastos com essas coisas básicas.

Humanamente falando, tem pessoas que vivem com um salário-mínimo, outras vivem com dois, com três. Mas na maioria das vezes, quando começamos a ganhar mais dinheiro, gastamos mais ao invés de pensar em poupar e em investimentos. As pessoas normalmente pensam: "Estou ganhando mais, vou gastar mais". Mas não é dessa forma que funciona.

Eu estou vivendo um estilo de vida minimalista. Optei por morar num quarto de hotel onde tenho micro-ondas, frigobar, um sofá, guarda-roupas, banheiro. Moro ali com conforto de café da manhã, camareira e manobrista, e vivo muito feliz. O que carrego da vida são duas malas de roupas, é o que tenho, sim, tudo o que tenho de objetos na vida são duas malas. Agora, a conta no banco é outra coisa, e é isto que quero que saiba: é possível ter prazer em guardar dinheiro, mas isso exige disciplina, autocontrole, amor-próprio.

O valor que a gente dá ao dinheiro é proporcional ao valor que a gente dá a nós mesmos.

A psicologia ensina isso, e meu professor de psicologia ensinou que a autoestima é proporcional ao dinheiro, o valor que a gente se dá é o valor que a gente dá ao dinheiro. Então, aquelas pessoas que não dão muita importância para o dinheiro ou que gastam muito demonstram a sua personalidade assim.

Olhando para a pirâmide, vemos que o custo de vida dos ricos é pequenininho; quanto menor for o custo de vida, mais facilidade você terá em levar a sua vida. Uma vida saudável é a vida que você vive de maneira simples. Isso é psicologia e espiritualidade. É mais saudável ter uma vida simples, sem complicações nem muita preocupação, do que ter uma vida de ostentação e com mais problemas para resolver. Esse é o caminho certo, o caminho da prosperidade.

NÃO PAREÇA RICO: SEJA RICO!

Dois nomes muito conhecidos mundialmente são o de Bill Gates e o de Warren Buffett. Buffett é um dos maiores investidores em Bolsa de Valores do mundo. Eles são duas das pessoas mais ricas do mundo. Juntos eles têm um patrimônio de cerca de US$ 270 bilhões.

Quando se observa o modo de se vestir desses dois homens, não encontramos cinto da Gucci nem da Chanel, nenhuma peça da Dolce Gabbana nem da Louis Vuitton ou Yves Saint Laurent, nada da Balenciaga, da Hermès ou da Fendi. Eles são bilionários e levam um estilo de vida simples. O ego deles está completamente dominado.

Tem pessoas famosas que fazem compras de roupas em lojas que vendem os refugos das grandes marcas, que é onde eu compro também. Essa é uma ótima dica, compras de roupas em bazar, na Shein, e dá para ficar bem-vestido sem gastar dinheiro usando marcas caras, mas é preciso domar o ego, adquirir um novo nível de consciência.

NÃO SE PERCA NAS DISTRAÇÕES

Um novo nível de consciência exige uma nova postura. Exige diminuir o ego, e uma roupa de marca, nessa conjuntura, diz respeito mais ao ego, porque revela que você quer que o outro veja você como uma pessoa importante, apenas porque pode gastar com grife, e muitas vezes a conta da roupa cara ainda está lá para ser paga no cartão de crédito. Napoleon Hill diz que a prática da economia requer mais força de caráter do que a maioria das pessoas tem, porque economizar significa também negar a si mesmo muitas diversões e prazeres. Por essa razão, o indivíduo que desenvolve o hábito da economia adquire, ao mesmo tempo, muitos outros hábitos que conduzem ao triunfo, especialmente autocontrole, confiança em si mesmo, coragem, equilíbrio e a libertação do medo. Todas as pessoas que fazem orçamentos de despesas incluem, muitas vezes, um item intitulado distrações. Estão chamando de distrações o que na maioria das vezes desfalca tanto a bolsa como a saúde.

Vivemos numa época em que as distrações ocupam um lugar de grande destaque na maioria dos orçamentos. Essas pessoas insensatas – Hill as chama assim e eu concordo – não somente gastam dinheiro que poderia ser usado para constituir uma boa economia, mas também estão destruindo o caráter e a saúde. Quando gasta seu dinheiro com bebida, você está destruindo a saúde e o caráter, sem contar qualquer outro tipo de distrações com compras de roupas, com vícios etc. Por isso é muito importante a mudança de caráter e a mudança de hábito.

GUARDAR OU GASTAR?

Responda a uma pergunta. Se entrasse um dinheiro na sua conta, que fosse pagamento por algo que você fez, qual seria a primeira coisa que você pensaria: guardar ou gastar?

Tem pessoas que sentem um faniquito quando veem dinheiro na conta. Outras não veem a hora de aplicar o dinheiro que receberam. Isso são sensações distintas que as pessoas têm e que demonstram qual é a sua relação com o dinheiro na conta. Esse recurso deveria trazer segurança e paz, deveria fazê-las ficarem tranquilas, porque o dinheiro é para nos dar essa segurança e nos proporcionar momentos de paz, não para nos deixar inquietos, não para trazer ansiedade.

Se a sua relação com o dinheiro o leva a ficar nervoso, afobado, ansioso, é lógico que o dinheiro não ficará na sua conta, e isso só demonstra como você repele o dinheiro que ganha e que a sua energia ainda não bate com a energia do dinheiro nem da riqueza. Se quando você vê muito dinheiro fica ansioso e afobado, é porque a sua energia não está coerente com a energia do dinheiro.

Que a partir de hoje você possa ter prazer em ver o saldo na conta, prazer em ter dinheiro e começar a focar essas coisas que agregam valor, não o acúmulo de bens materiais que logo irão se desgastar e perder valor.

Tudo aquilo que você foca cresce. Uma das primeiras coisas que faço quando acordo é cuidar da minha conta bancária; tenho o hábito de olhar primeiro o saldo diariamente. Acompanhar a sua conta, ver como ela está, se caiu alguma taxa extra, se entrou um dinheiro esperado, se não entrou, se o dinheiro que se depositou foi para a aplicação e coisas assim. Todo dia tem que olhar duas vezes – se precisar olhar três, cinco, olhe. Quanto mais você foca, mais expande.

Minha relação com o dinheiro é de prazer, baseado nas coisas que fazem sentido para mim, como a felicidade. Por exemplo, eu como de tudo, então, gosto de comer bem, gosto de viajar, de modo que em relação àquela pirâmide, não faz sentido para mim gastar com objetos, pois meus gastos são sempre com experiências prazerosas. Eu tenho dificuldade em ter prazer comprando objetos. Ter experiências é a melhor forma de se gastar dinheiro, porque a experiência se eterniza em você. Já um objeto durará um tempo e sairá de moda, ou se desgastará e você vai ter que doar ou jogar no lixo e comprar outro, gastando mais.

FRENTISTA X MÉDICO

Eu tenho dois amigos diferentes. Um era frentista. Falarei o nome dele porque a sua história é positiva. O outro tem a história negativa e é médico. O frentista foi um funcionário meu chamado Neto. Ele ganhava, na época, R$ 2 mil trabalhando no posto como frentista, economizava dinheiro e tinha uma vida simples. O meu outro amigo ganhava R$ 20 mil por mês como médico, mas na metade do mês tinha que pegar meu celular emprestado para usar, porque não tinha dinheiro para pagar a conta nem créditos disponíveis. Ele não guardava dinheiro nem tinha nada como propriedade, só vivia na farra e em festas, bebidas e viagens.

Resumindo a história: depois de dez anos, esse amigo meu, o médico, continuou na mesma vida: farras, festas, bebendo muito, sem ter investimentos, sem adquirir imóveis. Parece que o máximo que conseguiu foi se manter na casa da mãe e sempre pagando a parcela do carro, pois ele sempre trocava de modelo. Já o meu outro amigo, o frentista, conquistou nesses dez anos uma bicicleta, depois comprou uma moto, depois comprou um carro, depois comprou uma casa. Além disso, hoje ele tem o maior mercadinho do bairro, no Alto da Chapada, e vive uma vida tranquila.

Para se ter dinheiro, para ser próspero, o que conta não é tanto o valor que você ganha no final do mês, e sim o valor que você guarda.

Fiz uma mentoria a uma amiga minha, que ganha R$ 100 mil por mês, é advogada e tem um escritório de direito. Ela só conseguia guardar R$ 6 mil por mês. Ou seja, ganhando R$ 100 mil, ela gasta R$ 94 mil com coisas fúteis, o que é um absurdo, um desperdício até com o que Deus confia em nossas mãos.

Assim, aprenda que mesmo quem ganha um salário-mínimo pode prosperar se fizer a coisa certa. A partir de dois salários-mínimos é possível uma pessoa pobre ficar milionária.

Assim, vamos ao aprendizado principal deste capítulo. Daqui você terá que aprender os passos para poupar, que estão a seguir.

SEIS PASSOS PARA POUPAR

1) NÃO ESPERAR SOBRAR DINHEIRO

Não espere o dinheiro estar sobrando para guardá-lo, porque ele nunca sobrará. Já acabe com a desculpinha de que não poupa dinheiro porque nunca sobra. E nunca irá sobrar mesmo, porque dinheiro não é algo que sobra. Se você perguntasse ao Silvio Santos, em vida, se ele tinha dinheiro sobrando, ele diria que não. As pessoas não deixam de poupar porque não sobra dinheiro, elas não poupam porque não têm o hábito de poupar.

2) PAGAR-SE PRIMEIRO

Cada passo desses vem de uma aprendizagem, dando um passo de cada vez e incorporando essas aprendizagens à sua rotina. Pagar-se primeiro diz respeito a um gesto antes de liquidar as dívidas para ficar livre de preocupações. Quando receber o pagamento pelo serviço ou trabalho prestado, separe a sua parte, pense em seu projeto e objetivo específico de vida. Essa quantia será determinada para todos os meses, por exemplo, 10% ou um pouco mais, um pouco menos. E para que é esse dinheiro? É para você investir. E por que precisa investir? Para trazer a responsabilidade para uma aposentadoria, para você não viver só o presente, só o agora, mas para não ter preocupações futuras que irão tirar a sua paz.

A mentalidade de viver só o agora, não de construir o tipo de vida que você quer, não o deixa prosperar. Quando se vive o agora, não dá tempo de construir o tipo de vida que se quer para o futuro. Então, para que é esse dinheiro guardado? Para você construir a sua vida digna, a vida dos seus sonhos, porque tenho certeza de que 98% da população brasileira ainda não está vivendo a vida dos sonhos.

Depois disso, o esforço sempre será para ter uma vida livre e desimpedida de dívidas desnecessárias, com coisas supérfluas, que só trarão preocupação em vez de felicidade e prazer em viver.

3) CRIAR UMA RESERVA DE EMERGÊNCIA

Todo economista ensina que, além de fazer reservas para uma vida próspera no futuro, deve-se criar uma reserva de emergência, porque nós somos humanos e estamos sujeitos a surpresas desagradáveis. E quem não cria reserva de emergência poderá ter surpresas mais desagradáveis ainda!

Lembre-se da pandemia, quando as pessoas ficaram sem trabalhar um tempão. Quem tinha uma reserva de emergência sofreu menos ou não sofreu nada. Quem trabalha como autônomo ou profissional liberal não pode deixar de fazer essa reserva. Em geral se considera que uma boa reserva de emergência dê para se sustentar por seis meses, caso algum imprevisto grave aconteça. Então, faça as contas de quanto precisa para viver mensalmente, multiplique por seis e encontrará o valor médio da sua reserva de emergência.

4) CRIAR O HÁBITO DE POUPAR MENSALMENTE

A riqueza é medida pela quantidade de meses que você pode viver sem trabalhar. Isso é riqueza se você pode ficar meses sem trabalhar. Para isso, deve criar a disciplina de guardar mensalmente uma porcentagem, de preferência fixa, daquilo que você recebe. Desde criança eu poupava todo mês algo como R$ 50, e eu tinha uns 9 anos de idade quando comecei a fazer isso. Então, essa prática se tornou um hábito meu, e não foi meu pai que mandou fazer isso, não foi minha mãe. É claro que eu vivia naquela família, onde só se falava em economizar, e até hoje se fala muito; então, o ambiente nos influencia e isso se tornou algo muito prazeroso, pois me sinto empoderado, disciplinado. O resultado disso todos conhecem e você está lendo este livro por esse motivo.

5) TER OUTRA FONTE DE RENDA

Enquanto estiver construindo a sua riqueza, nem tente ter tempo livre em excesso. Use o tempo livre para criar uma segunda atividade profissional que produza renda extra para você. Em São Paulo, uma grande parte da população sai de casa às seis da manhã e chega à meia-noite, então, enquanto não estiver assim, se tiver tempo livre, use-o para ganhar dinheiro. Penso que nesta fase de independência financeira você precisa ocupar o seu tempo com um segundo emprego, ou freelance, ou prestar serviços nas horas vagas por um tempo até ter maior segurança.

6) AUMENTAR OS APORTES

Como fazer isso? Por exemplo, se o seu custo de vida é de dois ou três salários-mínimos, o custo para você manter o seu padrão de vida precisa ser de 6 vezes esse valor. Você deverá ter isso na poupança. Quando abrir o aplicativo do seu banco, deverá ver esse saldo ali, todos os dias. Considere isso como a sua meta agora.

Assim, encerramos mais um capítulo que deverá ter estimulado você a dar mais passos rumo à construção de um patrimônio milionário que seja seguro, bem construído, e que você desfrute de projeção no seu crescimento, isto é, que quanto mais você aplicar o que tem aprendido aqui, mais a sua fortuna cresça e a sua prosperidade traga felicidade e paz para você, e que isso possa beneficiar outras pessoas que também necessitam disso. Afinal, aquilo que Deus nos confia não pode ser escondido pelo egoísmo nem pela ganância, mas usado para ajudar outras pessoas de bem em suas necessidades.

EXISTEM EMOÇÕES DE BAIXA ENERGIA QUE TE LEVAM A UMA VIDA DE ESCASSEZ: VERGONHA, CULPA, APATIA, TRISTEZA, SOFRIMENTO, MEDO, VÍCIOS, RAIVA, INVEJA, ORGULHO E ARROGÂNCIA.

8

OITAVO SEGREDO

TENHA UM MILHÃO DE REAIS

Pelo título deste capítulo eu acredito que todo leitor ficará curioso e empolgado. Este é o nosso oitavo segredo da prosperidade. Quando dou essa aula aos meus seguidores e digo o título da aula, noto como eles abrem um sorriso largo e se ajeitam na cadeira, prontos para ouvir o que vem pela frente.

Relacionando esse pano de fundo ao oitavo passo, que é ter um milhão de reais, eu percebi durante as mentorias e as aulas que fazia que as pessoas tinham acesso a esse conteúdo, mas só queriam ter, ter, ter e ter. Queriam saber como se faz para investir bem. Elas queriam uma resposta direta e rápida para saírem da minha presença e irem colocar a mão no seu milhão de reais.

Imagina se isso é assim! Há muitos passos a serem dados antes de se falar em investimentos, e estamos dando o oitavo passo com este capítulo.

Nesta figura, você vê e identifica em qual etapa está como investidor. Ela mostra a etapa em que é preciso quitar as dívidas. A segunda etapa é a de formar a reserva de emergência. A outra é investir em renda fixa. Por que renda fixa? Porque ela é mais fácil e segura para garantir resultados, por ser uma modalidade conservadora, e dá para saber quanto se irá ganhar. Depois disso se pode pensar em investir em renda variável, quando a mentalidade está voltada para se aposentar e viver de renda. Mas não pule etapas.

Então, recapitulando, para se tornar um investidor, precisamos ganhar dinheiro. Como? Trabalhando e tendo mais fontes de renda. Não se pode ficar com uma fonte de renda só. Depois, temos que reservar o dinheiro, criar a sua reserva; e por fim, uma parte do dinheiro que ganhamos deverá ir para investimentos.

FAÇA AUMENTAR SEU PATRIMÔNIO

Não utilize todo o dinheiro que ganha para sustentar o seu padrão de vida. E não espere sobrar, porque não acontecerá isso se antes não adquirir consciência. Como disse um conhecido meu, "não economize o que resta de seus gastos, mas gaste o que sobra de suas economias". Perfeito!

Como aumentar o seu dinheiro? Aumentamos o nosso dinheiro investindo, fazendo o dinheiro trabalhar para a sua liberdade financeira, mas saiba que isso só acontecerá depois que conseguir cumprir essas três etapas de aumentar as fontes de renda, reservar um fundo de emergência e começar a investir rigorosamente parte daquilo que entra em sua conta sem gastar com padrão de vida elevado e desnecessário. Só assim você fará o seu dinheiro trabalhar para você. Enquanto você dorme, ele rende. Você sai numa viagem de férias, ele fica lá trabalhando a seu favor.

É possível aumentar o dinheiro através do juro composto, ou como dizem, juro sobre juro, juro em cima de juro. Vou dar um novo exemplo de como isso é na vida de uma pessoa endividada. Uma pessoa deve para o banco. Sua dívida só aumenta, aumenta e aumenta. Ela não consegue pagar. Suponhamos que o montante da dívida seja de 1 mil. Se ela deixar de pagar por cinco anos, o que acontecerá? Aquela dívida ficará altíssima.

Com o investimento acontece a mesma coisa, só que ao contrário. Quando se aplica dinheiro no banco, depois de um tempo você verá o que acontece com ele. Mês a mês o juro é acrescentado sobre o capital inicial, somado ao rendimento do mês anterior, gerando um novo montante que receberá o mesmo ciclo, que se repetirá com um volume cada vez maior, que só tenderá a aumentar a seu favor.

Então, pessoas que não conseguem ver um dinheirinho na conta e já saem procurando algo com que gastar precisam mudar a chave, mudar a mente. Entre na energia de economizar e saia da energia de gastar. Mas lembre-se de que isso não acontece debaixo de ansiedade, pois essas coisas são como um passo a passo, são construções, mudança de mentalidade, de consciência e de comportamento.

VOCÊ NASCEU PROGRAMADO PARA PROSPERAR, CRESCER, EXPANDIR E VIVER UMA VIDA ABUNDANTE E PLENA EM TODAS AS ÁREAS.

PROGRAME-SE PARA CRESCER MÊS A MÊS

Temos uma tabela importantíssima que também foi publicada em meu livro *Do abacate ao milhão*. Ela mostra o patrimônio acumulado com aportes mensais que recebem juro de 1% ao mês. Isso funciona da seguinte maneira.

PATRIMÔNIO ACUMULADO COM APORTES MENSAIS COM RENDIMENTO DE 1% AO MÊS

Aporte mensal	5 anos	10 anos	20 anos
R$ 250,00	R$ 20.871,59	R$ 58.334,77	R$ 250.036,98
R$ 300,00	R$ 25.045,91	R$ 70.001,72	R$ 300.044,38
R$ 500,00	R$ 41.743,18	R$ 116.669,54	R$ 500.073,96
R$ 800,00	R$ 66.789,09	R$ 186.671,26	R$ 800.118,34
R$ 1.000,00	R$ 83.486,37	R$ 233.339,08	R$ 1.000.147,92
R$ 1,500,00	R$ 125.229,55	R$ 350.008,61	R$ 1.500.221,88
R$ 2.000,00	R$ 166.972,73	R$ 466.678,15	R$ 2.000.295,84
R$ 3.000,00	R$ 250.459,10	R$ 7000.017,23	R$ 3.000.443,76
R$ 5.000,00	R$ 417.431,83	R$ 1.166.695,38	R$ 5.000.739,60

Se começar hoje a reservar todo mês R$ 250, como na primeira coluna, isto é, fazer aportes mensais de R$ 250, no mês seguinte terá R$ 250 mais 1%. No segundo mês, irá aportar mais R$250, e terá R$500 mais 1% do mês corrente, mais 1% do mês anterior. No terceiro mês isso se repetirá, acumulando o montante que será acrescido de um novo aporte, indo a R$ 750, sempre acrescentado do juro conseguido nos meses anteriores. Essas correções do juro sempre são aplicadas sobre todo o montante que a pessoa consegue guardar mensalmente e sobre o resultado do 1% de cada mês que a aplicação vigorar, sempre aumentando proporcionalmente, escalonadamente, ampliando em escala o seu ganho.

Então, se no primeiro mês o juro incide sobre R$ 250, no segundo mês será em cima de R$ 500 e assim sucessivamente. É devagar e com constância, nunca da noite para o dia. Imagine R$ 250 todo mês durante dez anos sem juro nenhum, daria R$ 30 mil no final do período. Quando aplicamos o juro de 1% mensalmente, esses R$ 30 mil sobem para impressionantes R$ 58 mil, quase dobrando o seu capital, porque se trata de juro composto, juro em cima de juro. As pessoas não conseguem ver as coisas dessa maneira e acham que demora, que dá trabalho, que precisam ver tudo logo de início. Mas não é assim que funciona, é um passo de cada vez para se ficar milionário.

Quando se compra um bem parcelado por meses ou anos, esse juro composto trabalha contra você e quase sempre o que se gasta daria para comprar dois ou três do mesmo bem se conseguisse juntar dinheiro, colocando-o para trabalhar a seu favor e pagando pelo que se quer à vista.

Por esse método simples, a pessoa que se organizar e todo mês separar R$ 1 mil durante vinte anos terá R$ 1 milhão e verá que é possível se tornar um milionário partindo do zero. Por essa última informação você deve perceber a importância de se baixar o custo de vida e focar a economia dos investimentos pessoais. Esse é o caminho que levará muita gente à prosperidade, a ter riqueza.

As duas pirâmides que vimos mostram o estilo de vida; em uma, o dos pobres, enquanto a outra mostra o dos ricos. Os pobres têm um custo de vida altíssimo, os ricos não. Os ricos têm um estilo de vida baixíssimo, e seus investimentos são altíssimos. Sai caro fazer bonito para os outros verem, uma vez que a vida não é fazer bonito para os outros verem. A vida deve ser construída com segurança, com conforto, passo a passo, com princípios, com dignidade, e assim alcançar a tão almejada prosperidade. Por isso eu o estimulo a diminuir o estilo de vida e a fazer aportes mais altos nos seus investimentos.

Quem está no início da vida profissional e financeira ainda tem pouco rendimento, mas tem mais tempo de produção de renda do que os vinte anos que mencionei. Então, poderá começar com R$ 250. Gradualmente, irá elevando esse valor para os aportes mensais e ainda assim poderá chegar ao milhão tão desejado mais rapidamente.

QUANTO DEVO SEPARAR MENSALMENTE?

Há ainda uma regra sobre a porcentagem a ser separada mensalmente. Há vários palpites que são dados por aí, 10%, 20%, 30% do que se ganha deve ser poupado. Quero falar sobre o que entendo ser o ideal. Uma pessoa é considerada rica quando consegue separar 50% do que ganha mensalmente. Essa pessoa é aquela que já liquidou suas dívidas, diminuiu radicalmente seus luxos, seus gastos supérfluos e tem o custo de vida sob rigoroso controle, criou um fundo de reserva emergencial e já desenvolveu consciência madura para fazer os aportes. A energia dela está pronta para investimentos e para se tornar uma milionária muito rapidamente. Essa pessoa conseguirá chegar a essa porcentagem mensalmente e é considerada rica, porque tem um estilo de vida adequado e separa 50% para investir. Essa pessoa mudou a sua chave. E isso não tem a ver com quanto se ganha. Lembre-se do exemplo do meu amigo frentista, que ganhava dois salários-mínimos e alcançou estabilidade financeira e patrimônio.

A sabedoria milenar ensina que não conseguimos preencher nosso interior com coisas que vêm de fora. Carros não nos preenchem, roupas de marca não nos preenchem. Por isso a Bíblia diz que “tendo o que comer e com o que vestir-nos, estejamos com isso satisfeitos” (1Timóteo 6.8).

A nossa satisfação deve estar no nível da nossa subsistência, não na extravagância. Ter em excesso nos levará à vaidade e isso nos custará caro.

Siga esses princípios da sabedoria, procure levar uma vida simples, porque ela também te trará muita felicidade e tranquilidade como nada neste mundo poderá dar a você nem a ninguém.

Não se sinta insatisfeito com o que você ganha nem viva infeliz por isso. Mas se estiver insatisfeito com o que ganha, então diminua o seu custo de vida e vá viver a vida mais feliz e desimpedido. Nunca é tarde para se começar, nunca! Construa uma vida que valha a pena ser vivida e se sinta satisfeito, porque embora queiramos uma boa vida aqui, não levaremos nada para a eternidade.

No último capítulo, nós falamos sobre investimentos e como organizar a sua vida e rotina para alcançar a cifra de R$ 1 milhão de patrimônio. Ter um milhão em patrimônio líquido dá a você, pelo menos, a possibilidade de ter uma quantia mensal de renda livre. Quando investimos, estamos emprestando dinheiro para o banco, para uma empresa ou para o governo. Aquele milhão juntado e investido em uma aplicação básica deverá render, suponhamos, 1% ao mês (é possível conseguir mais!), o que é uma mesada gorda de R$ 10 mil para você viver.

Se optar por retirar exatamente os R$ 10 mil para suas despesas mensais, você ainda preservará o seu milhão intacto. No capítulo anterior, a ideia não era fazer retiradas, mas colocar todo mês uma quantia determinada e automaticamente ver o juro sobre juro fazendo o seu dinheiro virar uma bola de neve. Quando se alcança um milhão, aí sim, é como se você tivesse uma aposentadoria e dá para retirar uma parte ou todo o rendimento líquido mensal.

AGRADEÇA SEMPRE PELO QUE JÁ POSSUI E TERÁ AINDA MAIS. SE VOCÊ NÃO AGRADECE HOJE, POR QUE DEUS TE DARIA MAIS?

9

NONO SEGREDO

SEJA UM INVESTIDOR

Estamos quase chegando ao final de nossa rica jornada de conhecimento e autoconhecimento, visando desvendar os segredos da prosperidade. Com este penúltimo capítulo, quero levar você, leitor, a aprender como se tornar um investidor.

TIPOS DE INVESTIMENTOS FINANCEIROS

Quero começar falando dos tipos de investimentos. Existem duas classificações de investimentos básicos, que são a renda fixa e a renda variável. Os investimentos em renda fixa são mais seguros se comparados aos rendimentos variáveis. A renda variável, por ter maior risco, dá mais rendimento, geralmente acima de 1%. A renda fixa tem garantias, como o Fundo Garantidor de Crédito (FGC), um fundo do governo que assegura seu investimento até R$ 250 mil.

A renda fixa é como um empréstimo. Quando pegamos dinheiro no banco a juro, pagamos juro por ele. Quando investimos, acontece o contrário, pois emprestamos para o banco, seja através de uma poupança, do Tesouro Direto, dos CDBs, das LCIs. E todo mês o banco dá a correção sobre o valor investido e, no caso de investirmos em uma empresa de capital aberto, nos tornamos sócios dela. Comprar ações de uma empresa faz de você dono de um pedacinho dela.

Renda fixa	Renda variável
Retorno previsível	Retorno imprevisível
Baixo risco	Alto risco
Potencial de retorno menor	Potencial de retorno maior
Requer poucas horas de estudo	Requer longas horas de estudo
Poucas opções de investimento	Tem uma variedade de empresas em diferentes setores
Mais indicado para conservadores	Mais indicado para investidores agressivos
Na maioria dos casos há garantia do dinheiro pelo FGC	Não há garantias
Investimento mais simples e com poucas variáveis	Investimento complexo e com muitas variáveis
Retorno medido pelo CDI	Retorno medido pelo Ibovespa

Na renda fixa o retorno é previsível e o risco é baixíssimo. Você coloca R$ 1 milhão e sabe que no prazo determinado irá retirar R$ 10 mil se for fixada a renda em 1%. Numa aplicação de rendimento variável, o retorno é imprevisível. Pode ser que ganhe e pode ser que "coma" um pouquinho do seu dinheiro. Na renda variável o risco é alto, por isso se diz que os investimentos devem ser de longo prazo, porque, havendo perdas iniciais, elas podem ser amortizadas e até mesmo revertidas no longo prazo.

Na renda fixa, o potencial de retorno é menor, e na renda variável, é maior. A renda fixa requer poucas horas de estudo para se compreender como funciona. A renda variável requer longas horas de estudo. Na renda fixa há poucas opções de investimento e na renda variável há uma variedade de empresas em diferentes setores nas quais se pode investir comprando ações, por exemplo. A renda fixa é mais indicada para conservadores, e a renda variável, para investidores agressivos.

Na renda fixa, o retorno é medido pelo CDI, que é o Certificado de Depósito Interbancário. Esse CDI é uma taxa usada entre os bancos para regular os empréstimos. Os bancos emprestam dinheiro entre si e a regulação da renda é estipulada por esse CDI. Por isso se diz que uma aplicação rende tantos por cento do CDI. Ou seja, as transações que existem entre um e outro banco, que é uma taxa mínima, não pagam nem o mesmo valor, mas uma porcentagem, uma fração dos 100%. Há bancos que estão começando a fazer promoção com isso, pagando taxas acima dos 100% e até 200% do CDI, como o Nubank, por exemplo, que fez uma promoção pagando essa taxa. Já na renda variável, o retorno é medido pelo Ibovespa, a Bolsa de Valores, não pelo CDI.

TIPOS DE RENDA FIXA

Agora quero dar cinco exemplos de investimentos em renda fixa e cinco exemplos de investimentos em renda variável.

POUPANÇA

A poupança é o investimento mais tradicional no Brasil.* Na poupança não há taxas para se aplicar seu dinheiro, nem incidência de imposto de renda no final do período da aplicação. A remuneração oferecida aos investidores é a mesma em todas as instituições, ou seja, os bancos pagam a mesma taxa. A rentabilidade da poupança é baixa, e outro ponto negativo é o fato de, para se ter a renda cheia do mês, não poder sacar quando a pessoa precisar do recurso. Tem que esperar vencer trinta dias completos. Apesar disso, foi com esse investimento que eu comecei.

* Os dados mencionados aqui foram retirados do site da Infomoney, em www.infomoney.com.br.

TÍTULOS PÚBLICOS

Outro modo de investimento são os títulos públicos. Nesse tipo de investimento você empresta dinheiro para o governo. Eles são considerados os títulos mais seguros do Brasil, porque para se chegar a perder com esse investimento, primeiro é preciso quebrar as instituições financeiras e ainda quebrar o Brasil. É o governo que assegura o valor investido. Numa eventualidade de se quebrarem todas as instituições financeiras do país, o governo será a última instituição que irá à falência.

Assim, os títulos públicos são muito seguros e oferecidos em três tipos ou modalidades. Uma delas é o Tesouro Direto, que oferece opções de pré-fixado, pós-fixado e o híbrido, este relacionado a uma taxa atrelada à inflação. O Tesouro Direto é uma aplicação segura.

CDBs

Os CDBs são outro tipo de investimento em renda fixa. CDB significa Certificado de Depósito Bancário, e o tomador desse empréstimo são os bancos. Nessa modalidade, os mais comuns são os pós-fixados, que oferecem como remuneração um percentual com índice de referência de renda fixa, que é o CDI.

No CDB, emprestamos dinheiro para os bancos, que pagam uma taxa atrelada ao CDI, a taxa de referência. Como os caixas dos bancos não podem encerrar o dia negativos, eles pegam dinheiro no mesmo dia, negociado um percentual pela transação. Por isso eu digo que a cada dia que passa o dinheiro tem um valor. Se um negócio é feito com acordo para ser pago hoje, é um valor. Se for pago amanhã, o credor não irá querer perder dinheiro, então a taxa a ser cobrada será outra. Assim, as taxas são alteradas diariamente. Se a pessoa que tem dinheiro aplicá-lo, ela irá ganhar com garantia, mas se emprestar e não receber, tomará prejuízo. Por isso os juros são elevados. Um milhão aplicado por um dia rende muito dinheiro.

Assim como a poupança, os CDBs contam com a cobertura do FGC. E qual é a diferença entre o CDB e a poupança? Os CDBs têm incidência de imposto de renda sobre o lucro, sobre o rendimento, enquanto a poupança não paga imposto de renda.

DEBÊNTURES

Outro tipo de investimento são as debêntures. Debêntures são títulos de crédito, só que ao invés de emprestar dinheiro para o governo, como no caso do Tesouro Direto, ou para os bancos, como os CDBs, as debêntures são empréstimos para as empresas. Uma empresa, quando quer expandir, emite esses títulos de crédito e negocia no mercado. Elas também podem representar uma dívida, no caso, dívidas com os títulos públicos dos CDBs, mas com emissores diferentes do governo e dos bancos.

Normalmente, os recursos levantados pelas empresas, como as debêntures, servem para financiar grandes projetos, como a construção de novas fábricas ou processos de construção internacional.

LCIs E LCAs

As LCIs e as LCAs são letras de crédito imobiliário e do agronegócio. Elas também contam com a cobertura do FGC. As letras de crédito pós-fixadas são mais comuns e é normal que ofereçam remuneração levemente abaixo do CDI. Isso acontece porque LCIs e LCAs são isentas de imposto de renda. Em ambas também emprestamos dinheiro ao banco, para eles disponibilizarem esses recursos ao mercado imobiliário e na produção do agronegócio.

As LCIs e LCAs não sofrem incidência de imposto de renda, e o seu rendimento é melhor do que o da poupança. Esses são dois pontos positivos em favor desse tipo de aplicação. Outra vantagem é que não rende só de mês a mês, como a poupança.

TIPOS DE RENDA VARIÁVEL

Agora vamos falar da renda variável. A principal característica da renda variável é a possibilidade de maiores rendimentos, mas isso envolve mais riscos. Há cinco tipos de renda variável.

AÇÕES

O primeiro são as ações, as famosas ações. As ações são negociadas na Bolsa de Valores, e essas ações são parcelas do capital de uma empresa. Quem compra uma ação se torna sócio da companhia e por isso compartilha os lucros que ela obtém. As ações são a maneira mais conhecida de investir em renda variável.

Há duas maneiras de lucrar investindo em ações. A primeira é com a distribuição de dividendos, que é uma parte do lucro que a empresa distribui aos acionistas. Pelo menos 25% dos lucros dessas empresas são destinados ao pagamento desses proventos. Essas cotas, como se chamam as partes, podem variar de preço, R$ 3, R$ 7, R$ 20, ou mais. Assim, todos podem comprar cotas de empresas, porque o valor de uma cota não é tão alto, embora o recebimento seja sempre proporcional, como em qualquer investimento.

No Brasil, depois da pandemia, só 2% da população têm investido nessa modalidade das ações. Na Índia, 3% da população, na China, 15%, no Reino Unido, 30%, e nos Estados Unidos subiu para 57% da população investindo em ações, ou seja, qualquer trabalhador ou pessoa comum tem o hábito de investir nos Estados Unidos.

Uma maneira de ganhar com ações é com os proventos mensais divididos entre os acionistas. A outra é por meio da valorização daquela empresa da qual o acionista comprou a cota. Quando uma empresa se valoriza, os acionistas ganham com isso.

FIs

Os fundos imobiliários, os FIs, são fundos que reúnem investidores interessados em aplicar em conjunto no mercado imobiliário. O mais comum é que o dinheiro seja usado na construção ou na aquisição de um produto ou empresa. Os ganhos nessas operações são divididos entre os participantes na proporção em que cada um aplicou. Os FIs podem ter as cotas negociadas no pregão da Bolsa de Valores.

Com os FIs acontece algo parecido com as cotas de ações das empresas. O investidor quer ter imóveis, mas não consegue comprar e pagar integralmente. Então ele compra uma parte daquele imóvel, ou uma parte de um galpão, ou de um shopping, e vai receber aluguel daquele empreendimento quando e se for colocado para locação.

CÂMBIO

Outro tipo de renda variável é o câmbio. O câmbio é o investimento que envolve aplicações baseadas em moedas. Esse tipo de produto costuma ser considerado em função de limitar a carteira e principalmente para proteger o patrimônio das oscilações da economia brasileira. Então, suponha que o real esteja em baixa, é recomendável ter algum capital fora do país, em dólar, em euro ou em outra moeda forte. Não é preciso ter em espécie essas moedas, em casa, guardadas, mas através de aplicações que estão baseadas no dólar ou em outras moedas estrangeiras.

FUNDOS DE INVESTIMENTOS

O quarto tipo são os fundos de investimento. Os fundos de investimentos são vários tipos de aplicações que permitem investir em renda variável. Os de ações são os exemplos mais comuns. Eles são considerados investimentos simples de renda variável.

Também é possível investir em renda variável por meio de fundos multimercados que aplicam em diferentes segmentos, indo uma parte para a renda fixa, outra para renda variável e em moedas.

Fundos de investimento se parecem um pouco com fundos de investimento imobiliário, mas este último só aplica em imóveis, como o próprio nome já diz, enquanto os fundos de investimento constituem um *pool*, que visa não só uma empresa, mas várias, independentemente do setor. Quem investe assim precisa ficar de olho nas tendências e fazer investimentos em mercados que estão crescendo, os emergentes, pois eles precisam de recursos para investir em seu próprio crescimento, e é aí que o recurso do investidor é aplicado.

PERFIL DO INVESTIDOR

Um fator importante sobre investimentos é descobrir o perfil de investidor que cada pessoa tem. Disso irá resultar o tipo de investimento ou aplicação que você irá fazer, mais conservadora, moderada ou agressiva, isto é, para pessoas que não se importam tanto em correr mais riscos com o seu dinheiro.

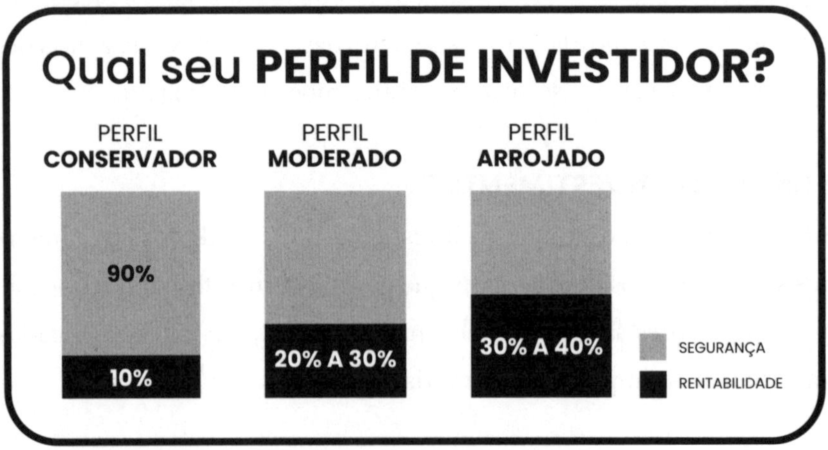

Esse gráfico ajuda a entender qual o melhor investimento de acordo com seu perfil e a sua expectativa. Não adianta dizer que se quer o investimento que dá mais retorno, porque isso é muito relativo e varia em função do volume de aporte, do prazo disponível para o retorno do investimento e outras variáveis.

Quem quer correr risco de ganhar muito também pode perder muito, ou quem quer correr pouco risco, poderá ganhar menos ou mais. Algumas perguntas servem para traçar o perfil de um investidor. A primeira pergunta é: o que você quer com o seu dinheiro? Assumir riscos, tê-lo à disposição, qualquer que seja a quantia, ou ter garantia de retorno certo, mesmo que seja em menor porcentagem? Muitos investidores preferem ganhar o seu pouquinho todo mês, usando o dinheiro que juntaram com tanto sacrifício, e não querem perder.

Mas todas as informações sobre o perfil e a melhor opção na ocasião podem ser fornecidas pelo gerente no banco ou o consultor, caso você decida por uma empresa de investimentos, como a XP ou tantas outras no mercado. Inclusive eles esclarecem sobre o tipo de imposto que incide quando se vai resgatar a aplicação, tempo necessário para resgate e tudo mais.

O perfil do conservador preza por segurança e o foco é preservar o patrimônio. Ele tem tolerância baixíssima a riscos. Por isso, boa parte das pessoas começa com esse perfil. Poupança, CDB, LCI, LCA são indicados nesses casos.

Perfil moderado tem alguma tolerância a riscos, se perderem um pouquinho não ficarão desesperados. Mas esse perfil vem com o tempo e é um perfil intermediário.

Por fim, o perfil arrojado, para quem entende de coisas como Bolsa de Valores, é para quem já está há algum tempo investindo e quer um retorno maior nos seus investimentos.

Qual foi a minha experiência nessa caminhada? Eu comecei com um perfil conservador. Por isso recomendo a quem estiver começando que faça a reserva financeira na poupança. Aprendi que preciso ter guardado seis meses do valor necessário para cobrir minhas despesas e, feito isso, posso passar a investir nos fundos de investimento, começando pela renda fixa, LCI, LCA, Tesouro Direto ou CDB. Seu gerente poderá orientar você na melhor opção na ocasião. Aos poucos você irá avançar e modificar seu perfil, indo para moderado e, se perseverar, poderá se tornar um investidor arrojado que encara riscos.

RENDA PASSIVA X RENDA ATIVA

Renda ativa é aquela que se ganha com o salário, os honorários, a hora extra, o 13º, as comissões, os *freelances*, as palestras; todos são tipos de renda ativa, porque é preciso empregar energia e esforço para tê-la. Na renda passiva, nós ganhamos dinheiro enquanto dormimos, enquanto viajamos, enquanto passeamos. Exemplos de rendas passivas são os aluguéis, os lucros, os dividendos, os *royalties* de livros, os investimentos.

Entre a renda ativa e renda passiva, qual a melhor opção? A renda passiva. Não queremos chegar à velhice e ter que trabalhar para compor a nossa renda.

SEJA UM INVESTIDOR IMOBILIÁRIO

Já vimos que somente 1% dos aposentados no Brasil é independente, os outros 99% precisam trabalhar; mas nós queremos estar na categoria do 1%, vivendo de renda. Há uma pessoa que eu fiquei sabendo estar vivendo muito bem de renda passiva. Ela tem construído imóveis e alugado. Seus rendimentos mensais só com os aluguéis são na ordem de R$ 1 milhão, todos os meses!

Quero que você seja investidor, mas quero levá-lo a se tornar um investidor imobiliário. Por quê? Porque 90% dos milionários do mundo todo ficaram ricos com o mesmo tipo de investimento. Não foi com criptomoeda, nem com ações, nem fundos de investimentos, nem foi empreendedorismo. Sabe com o que foi? Com imóveis, com a renda de aluguéis que seu patrimônio cresceu.

Na minha opinião, a medida de sua riqueza é a quantidade de imóveis que você tem. Eu fiz o caminho, como contei, iniciando com a poupança. Mas quando pude, entrei no segmento de compra de imóveis. Comprei meu primeiro apartamento no bairro do Belém, em São Paulo. Meu pai tinha me dado o dinheiro da metade e eu entrei com a outra metade. O apartamento custava R$ 40 mil, na época. Quando vendi, recebi por ele R$ 60 mil. Com o dinheiro, comprei outro por

R$ 60 mil e, quando vendi, recebi por ele R$ 80 mil. Então eu vi que ganhava mais na venda.

A princípio, esse era o meu apartamento. Depois comprei outro apartamento, mantendo o meu, e em um eu morava e o outro eu alugava. E depois eu fui comprando mais, dois, três quatro apartamentos, cheguei a dez. Quando alugava dez apartamentos vi que tinha uma renda boa. E assim comecei a construir os meus apartamentos, porque quando se constrói imóveis e aluga-se, ganha-se três vezes mais do que comprar um imóvel pronto.

Patrimônio para investidores que querem ser milionários não é consórcio, capitalização, casa própria e carro particular. Porque ninguém ganha dinheiro com carro particular, só tem despesas, a não ser que seu carro seja usado como Uber. Ninguém ganha dinheiro com casa própria, a não ser que sua casa seja locada ou que faça Airbnb.

Assim, o meu conselho é que compre uma casa velha ou terreno para começar a construir o seu empreendimento, podem ser pequenos, não importa, mas em local de fácil acesso. Se for na capital, compre próximo ao metrô. Se não for na capital, compre em um lugar de fácil locação, próximo a um centro comercial. Compre pequeno, comece pequeno.

Contrate uma construtora e, depois de pronto, coloque seus imóveis para alugar em uma imobiliária. Assim, eles farão a administração e você terá tempo para viajar enquanto seus investimentos trabalham por você.

Por fim, falei do milhão, e você deve ter percebido que é possível chegar a ele, seja um milhão para emprestar para o banco e todo mês receber R$ 10 mil de juro, seja um milhão para comprar uma empresa, se você tem esse objetivo, ou para construir casas ou apartamentos para locação, e desse milhão poder viver de renda. Mas você precisa entender que 90% dos milionários ficaram milionários comprando imóveis. Essa é a maior lição deste nosso penúltimo capítulo.

MANIFESTE A SUA NOVA VERSÃO! PARA QUE NASÇA SEU NOVO EU FELIZ, SAUDÁVEL E PRÓSPERO, É NECESSÁRIA A MORTE DO VELHO EU JULGADOR, RECLAMÃO, APEGADO ÀS DORES DO PASSADO E AO CONFORMISMO.

10

DÉCIMO SEGREDO

O SEGREDO MULTIPLICADOR

O nosso décimo e último segredo é aquele que todos querem conhecer e ao qual querem chegar: o segredo multiplicador da riqueza e da prosperidade. Esse segredo está contido em três coisas, embora, para se chegar a elas, precisemos aprender bastante conteúdo, aquilo que você viu nos nove capítulos anteriores.

O segredo multiplicador é como se fosse um acelerador da riqueza. Ao conhecer isso, conseguimos entender por que as pessoas milionárias fazem quase sempre as mesmas coisas e aceleram muito mais a aquisição da riqueza. Eu diria que quem o pratica acelera cem vezes os seus ganhos, e percebi isso observando a vida de pessoas bem-sucedidas, observando a minha vida também, e notei haver coisas que estão além do óbvio.

Expliquei em um dos capítulos que é preciso querer receber muito, ter ambição. Esse é o primeiro passo. O segundo é fazer a restrição aos curtos-circuitos, aos prazeres imediatos. E o terceiro é o ato de doar. Esse tripé é fundamental e já falamos sobre ele. Agora, precisamos aprofundar esses pontos.

QUERER RECEBER MUITO

Vamos começar pelo primeiro, que é querer receber muito, é ter a missão.

A Cabala tem um sistema que trata da entrada de energia em nossa vida. É igual ao sistema de energia com um polo positivo, o negativo e o neutro. E qual deve ser a fonte da nossa energia? Deus, a fonte de toda a vitalidade presente no Universo. E para recebermos essa energia de Deus, temos que reconhecer três estruturas.

Imagine agora um quadro com três colunas, no qual temos à esquerda o querer muito algo, no centro fazer restrição, que é a parte neutra, e doar no final, na coluna da direita. Há no mundo três tipos de pessoas e eu vou representá-las usando nomes fictícios que se enquadram em cada uma das colunas.

Esse esquema é didático e por ele a gente entende como a energia sai de Deus e chega até nós. A Escritura Sagrada diz que Deus é o dono do ouro e da prata: "'Tanto a prata quanto o ouro me pertencem', declara o Senhor". (Ageu 2.8) Então, tudo de bom procede dele. A energia boa vem dele, a saúde vem dele, a riqueza vem dele, o amor vem dele, a segurança vem dele, o conforto vem dele.

Queremos receber de Deus. E o que queremos receber? Um milhão de reais. Mas, para essa energia fluir, ela tem que passar por esses três mecanismos: pela coluna da direita (doar), pela coluna do meio (fazer restrições) e pela coluna da esquerda (querer receber de Deus a prosperidade, receber dinheiro e se tornar um milionário).

Vejamos o exemplo de José, alguém que faz restrições, uma pessoa legal, boa e que não cria curtos-circuitos, não procura gratificações instantâneas; mas José não quer receber. Ele pensa: "Ah, a minha vida tá boa, o que Deus me deu tá bom". Sabe quando Deus vai dar para ele? Nunca, pelo simples fato de ele não quer. Deus é educado. A Bíblia diz que o ladrão vem para matar, roubar e destruir, mas Jesus não age assim. Ao contrário, ele bate à porta. Se você abrir, ele entrará. Por isso temos que querer e temos que abrir a porta para ele entrar. Mas José não quer fazer essas coisas. Então, como receptor, ele está fechado e não quer se abrir para o que Deus tem para ele.

Se perguntarmos para as pessoas se querem ser milionárias, muitas dirão que não, porque em algum momento na vida não quiseram isso para elas. Para se tornar um milionário é preciso fazer restrições e querer, esforçar-se para que a energia de Deus chegue à sua vida. É preciso querer muito e existem pessoas que não querem. Há condições de se tornar uma pessoa melhor financeiramente, mas ela não quer e será assim sempre, mesmo preservando a sua característica de pessoa legal, digna e feliz, mas não será milionária, porque não tem o "querer" forte.

Deus quer doar, mas nós temos que querer receber. A intensidade que tem o seu "querer receber" equivale à quantidade de potencial para ganhar. Quem não quer receber muito, não vai receber muito da parte de Deus.

Para ser uma pessoa próspera é preciso ajustar, equilibrar essas três áreas em sua vida. É inegável que o ser humano, de modo geral, é influenciado por religiões, dependendo da região onde uma pessoa nasça e viva. No Brasil e na América Latina em geral as populações foram muito influenciadas pelas crenças católicas, e elas meio que demonizaram o dinheiro e deram ênfase à pobreza. Já no protestantismo, entre as igrejas evangélicas, as coisas são diferentes, porque eles romperam com o catolicismo na época em que o capitalismo estava se formando na Europa, especialmente na Itália, onde essas ideias floresceram. Então, o protestantismo desenvolveu melhor a relação com o dinheiro.

João Calvino, um protestante do século XVI, produziu textos importantes sobre o capital, os recursos que as pessoas alcançam e a economia. E, para o leitor ter uma ideia sobre a relação da aquisição com a doação, veja o que John Wesley, outro pregador inglês do século XVIII, disse sobre isso: "Ganhe tudo o que puder, poupe tudo o que puder, doe tudo o que puder". Ele começou pequeno, com um grupo de poucas

TRÊS DANOS DE QUEM RECLAMA: AUMENTO DOS PENSAMENTOS NEGATIVOS, BAIXA ENERGIA E ESTÍMULO À PRODUÇÃO DO CORTISOL, O HORMÔNIO DO ESTRESSE.

CRESÇA E ENRIQUEÇA – DOUGLAS ARAÚJO

pessoas, e a igreja que formou com essa mentalidade é uma das maiores que temos no Ocidente, a Igreja Metodista, e Wesley nunca teve falta de nada, porque ganhava o que podia, poupava o que podia e fazia doações generosas.

Entende o conceito? No pensamento popular do brasileiro em geral, o amor ao dinheiro é pecado, daí as pessoas não se empenharem por ganhar mais do que o mínimo; mas não é assim que devemos ver a questão. A interpretação é que não se pode ter tanto apego ao dinheiro ao ponto de não conseguir ajudar a ninguém. Tendo mais dinheiro, conseguimos ajudar mais pessoas e não falta para nós.

Então, é preciso harmonizar as três áreas: fazer restrição, querer receber e doar, compartilhar tudo o que puder.

Uma pedra é algo inanimado. O que uma pedra quer da vida? Ela tem energia, pois todas as coisas têm energia! Mas a pedra não quer nada da vida! Ela não tem o menor nível de consciência, o "querer" muito. Do mesmo modo uma planta, um ser vegetal. O que uma planta quer da vida? Quer água e energia solar. Ela, então, quer algo. Então ela quer mais do que a pedra, e se torna mais interessante do que a pedra. Parece-nos que é um ser mais elevado e mais evoluído. Mas há um ser mais elevado e mais evoluído do que a planta, que é o animal. O animal, além dessas coisas, quer sexo, quer descansar, quer relacionar-se e algumas coisas mais.

Nós, como seres humanos, além das coisas dos animais, queremos mais. Queremos espiritualizar, evoluir, construir. Queremos constituir uma família, ter uma vida digna, e alguns querem ficar ricos. Então, será de acordo com o nosso querer que atrairemos e nos tornaremos.

Veja isso em diferentes povos. Considere o pessoal da Índia, de modo geral. A vida deles é dura, mas eles se sentem determinados pelo desejo dos deuses, e eles não desejam muito uma melhoria radical em seu estilo de vida. Mas outros povos, como o norte-americano, querem muito, querem demais. E eles têm muito. A mentalidade desses dois povos ilustra bem o papel de quem quer e de quem não quer ou não impõe esse querer em sua vida.

Não vale a pena viver uma vida inteira apenas correndo atrás de dinheiro, porque quando trabalhamos muito, também temos que cuidar do nosso corpo, da nossa saúde. Então, uma demanda muito grande, que não abre espaço na agenda para uma atividade física, não é um bom sinal, pois está havendo uma inversão da ordem natural das coisas e das prioridades.

A vida tem ordem nas coisas, sendo a primeira delas a nossa conexão com Deus, sempre, porque Ele é a fonte de tudo. Depois vem a nossa saúde. Terceiro, o nosso bem-estar em geral, emocional, espiritual e físico. Em quarto lugar vem a família e o quinto é o profissional, onde está o dinheiro. Então, temos que querer no ponto certo, na medida certa, colocando as prioridades e respeitando-as, e não sermos obcecados a ponto de nos prejudicarmos, mas a ponto de soltar.

Esse termo "soltar" carrega um conceito, uma ideia fundamental também. Ele diz respeito à capacidade de desprender-se daquilo que é supérfluo, daquilo que não agrega valor real, aquilo que é apenas ilusório, como o selo azul do Instagram, que eu queria tanto, mas era somente um selo para conferir status. Portanto, saiba avaliar em sua vida aquilo que é preciso soltar, para que você concentre suas energias boas na conquista do que é um bem durável e que traga bem-estar para você e para aqueles que estão contigo.

Obsessão por qualquer coisa não vale a pena, especialmente se são bens que duram pouco tempo, coisas que dão apenas status, que estão na moda. Solte-as o quanto antes!

FAZER RESTRIÇÕES

Temos que aprender o que fazer para a energia vir de Deus até nós. É isso que você vai aprender agora. Você precisa entender como funciona essa transmissão das coisas boas de Deus para nós. Vamos começar pela restrição, a coluna do meio, que é o neutro. O que é a restrição? É dizer "não" aos prazeres imediatos. É dizer "não" às gratificações instantâneas. É não criar curtos-circuitos.

Os curtos-circuitos geram fins, geram finitudes, geram morte, e o que queremos é vida, abundância, dignidade, prosperidade. Por exemplo, se estou prejudicando minha saúde, comendo mal, dormindo pouco, alimentando algum vício, qualquer que seja, se sou sedentário, se traio as pessoas, se consumo o que não tenho capacidade para comprar, estou gerando a morte da minha dignidade, morte de consciência, morte de condutas que me diminuirão. Essas coisas provocam curtos-circuitos, então é preciso fazer restrições a elas.

João é uma pessoa que faz restrições. Ele não transgride normas nem leis, não destrói sua saúde, não trai sua esposa e frequenta lugares cujo ambiente contribuem para sua evolução espiritual, que no caso é a igreja onde ele é membro. Enfim, no aspecto externo, ele não cria situações que geram curto-circuito. A energia positiva vai vir para uma pessoa receptora como ele.

Fuja dos prazeres instantâneos. Drogas, sexo casual, coisas feitas no ímpeto são picos de adrenalina que depois dão *crash*, quebram você. Até mesmo o açúcar dá um pico de glicemia; tudo que dá picos para sanar ansiedades, que não tem nem traz equilíbrio nem harmonia, deve ser eliminado. Tenha prazeres com moderação e ajuste suas emoções para não precisar aliviar uma carência.

Vejamos o exemplo de Gilmar, uma pessoa que quer receber muito, quer crescer e se tornar um milionário. Então, na coluna da esquerda, ele está com valor 10. Na coluna da direita, sabemos que ele doa muito, muito mesmo. Faz doações altíssimas. Mas ele tem um problema: Gilmar não faz restrições. Leva uma vida dissoluta, usa drogas, faz sexo casual, uma vida louca, sem temor a Deus. Então, ele mesmo cria desequilíbrio e desarmonia em sua vida; dificilmente, se continuar nessa vida, ele será um homem milionário.

Colocando as restrições em prática, você deixará a infância e se tornará uma pessoa madura, porque atingirá outro nível de consciência, tendo controle sobre a sua mente.

O quanto do desejo que você aguenta resistir ou suportar é o tamanho da bênção que conseguirá atrair.

Eu suportei dez anos sem viajar para fora do Brasil. Meus amigos viajavam e comentavam nas rodas as suas andanças e eu dizia que ainda não era o meu momento, pois queria juntar dinheiro, não queria gastar nem parcelar com antecedência. E eu suportei dez anos da minha vida vendo-os viajando, ouvindo as conversas das experiências que tiveram. Eu aguentei esses dez anos, mas quando comecei, viajei bastante, e vi que foi importante ter resistido.

Também fiquei dez anos sem frequentar restaurantes, e ia somente no meu aniversário. Hoje, a minha vida é o tempo inteiro em restaurantes; de manhã eu como no restaurante, de tarde eu como em outro restaurante e à noite também. E isso de segunda a segunda. Mas eu resisti, eu tinha vontade, mas não cedi.

A vida é como uma escada rolante que não para, está sempre descendo, porque as forças naturalmente nos levam para baixo. E o nosso papel é ficar o tempo inteiro nos esforçando para subir. Se pararmos na escada rolante enquanto ela conduz para baixo, o que irá acontecer? A pessoa será levada para baixo. Quem fica estagnado, quem para e não se esforça, não sobe em momento algum. Temos que fazer restrições para que a energia sobre, sobeje, a fim de termos força para subir na escada rolante que leva para baixo.

O estado natural do ser humano é inclinado para os vícios e erros, as coisas prejudiciais e sem limites. A Bíblia diz que esse mundo vem do maligno, e quem não se esforçar para ir na contramão nunca fará nada que valha a pena ser contado. Não somos ruins porque queremos ser ruins. Não ache que é uma pessoa ruim só porque faz algo ruim. Mas preste atenção no que vou dizer, pois foi uma chave que mudou o meu entendimento sobre isso. Nós temos poder de decisão, porque temos livre-arbítrio e podemos dizer "não".

As pessoas que seguem uma vida de acordo com as conveniências só dizem "sim": beba – sim; fume – sim; esqueça as boas regras e bons costumes – sim; faça isso – sim; faça aquilo – sim. Mas nós temos um livre-arbítrio e podemos dizer "não" para o nosso lado negativo da vida e seus apelos. Aprenda a dizer "não" para o seu lado negativo, para as suas vontades destrutivas e prejudiciais.

Por que estou insistindo que isso é importante? Por que falar de espiritualidade agora? O que a prosperidade tem a ver com isso?

As pessoas que vivem uma vida no limite não são prósperas. As pessoas prósperas são disciplinadas. Falamos sobre Bill Gates e Warren Buffett, bilionários, e são pessoas disciplinadas, que decidem acordar cedo, decidem ter uma disciplina, decidem suas vidas. A prosperidade tem a ver com essa disciplina, com a decisão de investir todo mês, de deixar de comprar um bocado de coisas inúteis, ou abandonar um bocado de farra ou de festas para investir em você e em seu futuro próximo. Então, aprenda a dominar o seu corpo e seus impulsos com uma mente forte. Isso é fazer a restrição.

Eu conversei com um aluno em meus cursos, e ele disse que Deus não lhe dava as coisas que ele queria. Respondi que Deus queria sim dar coisas para ele. Mas a resposta que ouvi foi que, se Deus desse, ele mesmo não suportaria o peso da riqueza e se "desviaria" – esse foi o termo que ele usou. Então, ele não está disposto a fazer sacrifícios, e sabe que se receber muito se desviará. O que ele precisa? Precisa aprender a fazer restrições. Por isso temos que aprender a dominar a mente, para sabermos dominar o dinheiro quando ele estiver ao nosso dispor.

Por isso Deus não confia dinheiro na mão de todo mundo, porque o dinheiro pode ser um destruidor de vidas. É melhor ficar limitado e restrito, porque para a nossa alma, para o nosso ego, o conceito de felicidade é ter prazer ilimitado, mas para Deus não é assim. Desse modo, é melhor sofrermos certas restrições na vida, mas evoluirmos, do que não sofrermos, nos acomodarmos e nos perdermos na vida com muita fartura.

FAZER DOAÇÕES

O terceiro aspecto do segredo multiplicador da prosperidade é a ação de doar, como vimos. A ação de doar é transformar você em um canal. É sair do casulo e se exteriorizar para compartilhar. Viemos a este mundo para sermos canais, não para acumularmos.

Lembrando da nossa tabela de três colunas, a da direita comporta aquilo que você pode doar, compartilhar, ajudar pessoas, ser voluntário, devolver o dízimo daqueles 100% que você recebeu de Deus, que é a fonte, para que isso sirva a outras pessoas que necessitam. É ajudar um parente que está passando por necessidades, é ajudar um vizinho, um amigo, um morador de rua em uma ação voluntária. Quando faz isso, você libera o fluxo de energia.

Na coluna da direita temos o exemplo do Antônio. Antônio quase não doa parte do que tem. Poderia ser mais abençoado, mas nessa área ele está em déficit, porque está bloqueando as próprias finanças.

Como nos sentimos abençoados? Quando doamos, porque para doar, é preciso reconhecer que somos parte da energia positiva da pros-

TRÊS BENEFÍCIOS DA GRATIDÃO: MELHORIA DA DISPOSIÇÃO FÍSICA, EXPANSÃO DO CAMPO MAGNÉTICO E ESTÍMULO À PRODUÇÃO DE DOPAMINA E OCITOCINA, HORMÔNIOS DO BEM-ESTAR.

peridade que vem de Deus, pois só ele pode dar coisas boas. Mesmo tendo poucos recursos, toda pessoa precisa reconhecer que eles vêm de Deus, e a própria Escritura diz que "quem é fiel no pouco, Deus a colocará sobre o muito". Quem é infiel no pouco, nunca chegará a tomar posse de uma soma grande, porque é egoísta e sonegador. Por isso, a pessoa que só recebe para si e não reparte, se for abençoada financeiramente, irá se afundar cada vez mais, caso seja uma pessoa como esse último exemplo que dei.

Todos sabemos que milionários fazem grandes doações, criam instituições beneficentes, apoiam a criação de programas para melhorar a vida de pessoas carentes até em outros países e continentes, patrocinam o desenvolvimento de pesquisas contra doenças cruéis e tantas outras coisas. Fazendo isso, essas pessoas sempre recebem muito mais do que doam. Considere isso como um dos segredos de uma mente milionária, um segredo milenar, de mais de três ou quatro mil anos.

Como encontramos o nosso lugar neste mundo? Há uma luz no mundo e nós somos faíscas divinas dessa luz. Essa luz tem um brilho e tem uma cor. Se não estamos iluminando nada nem ninguém à nossa volta, olhando de cima se verá que o território ao nosso redor ficará escuro. Então, precisamos brilhar.

Se eu não tivesse escrito este livro, deixaria de cumprir a minha parte na iluminação da mente de milhares de leitores que ficariam numa escuridão ao meu redor e também em suas vidas, pois deixariam de assimilar esses ensinamentos sobre prosperidade, sobre investimentos, sobre energia, sobre Deus, sobre consciência e tudo o mais.

Não podemos fugir do nosso propósito; antes, temos que descobrir o nosso lugar neste mundo. Cada um de nós pode ser bloqueado, estagnado. Mas quando nos tornamos canais, bons canais livres, ajudamos a desbloquear o fluxo da nossa energia. Um canal livre permite fluir tudo aquilo que deveria passar por ele: água, óleo, auxílio a quem necessita e prosperidade.

Os primeiros a receberem a luz, a energia, a prosperidade, quando se tornam canais, somos nós. Ajudando as pessoas que têm necessidades, até para se alimentarem, pessoas com déficit de atenção, com déficit intelectual, crianças, pessoas com déficit de amor, de tudo, nós doamos o que elas precisam, e isso se soma à nossa casa, à nossa vida, porque receberemos primeiro. Por isso, não limite o fluxo de bens que podem ir para o auxílio de outras pessoas, porque jamais faltará para aqueles que se deixam ser usados como canais.

Todas as coisas provêm de Deus, e nós somos apenas seus canais. "Toda a boa dádiva e todo o dom perfeito vêm do alto, descendo do Pai das luzes, em quem não há mudança nem sombra de variação" (Tiago 1.17). Então, seja lá o que você tiver que fazer, faça com amor, com dignidade, com beleza, pois isso é um talento recebido de Deus, uma capacitação que ele nos dá individualmente.

Se tirarmos essa luz, se negligenciarmos esse lado divino da equação, a vida ficará vazia, ficará sem propósito. Eu já vivi momentos em minha vida em que me sentia muito vazio, sem propósito, porque não estava claro para mim que isso tudo procede de Deus. Então, tenha essa consciência. Quando adquirimos essa consciência, nos empoderamos, nos sentimos filhos amados de Deus, pessoas a quem Deus usa para fazer o bem.

E podemos agradecer a Deus, a luz, como costumo falar, com palavras. Mas só com as palavras ainda é pouco. Temos que ser gratos para atrair as bênçãos, temos que ser gratos para fazer bem. Mas a gratidão não pode ser apenas por meio de palavras. Madre Teresa de Calcutá dizia que "as mãos que ajudam são mais sagradas do que os lábios que rezam". É uma verdade.

Há uma história sobre monges que estavam dentro de um templo rezando. Eles sempre rezavam, mas naquele dia a cidade estava pegando fogo. Vieram bater à porta e disseram que eles tinham que sair dali. E eles permaneceram fechados, rezando. E muitas vezes a gente vive essa forma de gratidão e não age, porque é mais confortável apenas falar na intimidade.

A forma de agradecer a Deus é agindo, sendo voluntário, sendo generoso, sendo solidário. Veja, por exemplo, a questão do poder da doação, da generosidade. Eu estava nos Estados Unidos e notei que lá é comum as pessoas darem gorjeta por qualquer serviço, e passar uns dias lá me fez pegar aquela energia. Quando retornei ao Brasil, eu dava gorjetas para todos que faziam algo para mim.

Os Estados Unidos ocupam a segunda posição entre as dez nações mais generosas do mundo, totalizando um percentual de 44% da população envolvida em trabalho voluntário. Já o Brasil ocupa a posição número 105, com 4% da população envolvida em voluntariado. Para quem faz faculdade, isso entra como trabalho voluntário ou horas de atividade extracurricular.

Eu presumo que todo leitor deste livro queira ficar rico. Mas por qual motivo você quer ficar rico? Tornar-se uma pessoa rica envolve, além de ter dinheiro, saber administrar, e sobretudo dar um propósito à sua riqueza. Não há sentido em não ter um propósito para as coisas de nossa vida, especialmente se é algo que exigirá muito esforço, energia, restrição e tudo o mais.

Tem uma parábola no Novo Testamento que é a parábola do rico insensato. Esse rico insensato estava juntando muito dinheiro há anos, então Deus apareceu e disse: "Louco, esta noite te pedirão a tua alma; e o que tens preparado, para quem será?". Isto é, ele juntou tantos recursos, mas sem um propósito para as pessoas e, especialmente para ele mesmo. Ele não chegou ao final de sua vida para gozar tudo aquilo que juntou, descuidou de preparar-se espiritualmente (sua alma) e acabou perdendo tudo, a riqueza e a alma.

Jesus terminou de contar a parábola com a seguinte conclusão: "Assim é todo aquele que para si ajunta tesouros e não é rico para com Deus" (Lucas 12.13-21). Esse é o retrato das pessoas que só vivem pensando em si mesmas, em seu próprio umbigo, e não compartilham o que têm, sua sabedoria, seus conhecimentos, seus recursos, sua alegria, não compartilham seu jeito carinhoso, seu aconselhamento, e acabam ficando como o Mar Morto, que só retém águas, mas não escoa. O resultado é a morte, nada nasce ali.

Então, devemos juntar tesouros tendo um propósito, não um fim.

Toda riqueza deve ter um propósito. Tesouros acumulados somente para si é avareza; entretanto, tesouros compartilhados são prosperidade, é viver no mundo da abundância, é orgulhar-se em saber que seu dinheiro, além de proporcionar bem-estar a você e à sua família, está proporcionando o bem-estar de muitas outras pessoas. Viver no mundo da abundância significa sair do mundo do eu e ir para o mundo do nós, do ego para o *self*. A riqueza vem imbuída de uma missão, vem para alguém com o propósito de ajudar os outros.

Lembre-se sempre disto, antes de querer se tornar uma pessoa rica: você terá a responsabilidade neste mundo e a prestação de contas para dar a outro mundo.

Outro versículo da sabedoria milenar de Jesus diz que "quanto mais é dado, mais será cobrado" (Lucas 12.48). Para uma pessoa que ganha R$ 1 mil, ela terá um tipo de cobrança. O Universo tem um tipo de cobrança para cada um de nós e ele nunca erra (nem Deus erra!).

A doação, dentro desse quadro de referência, é doar com a motivação certa, não para se aparecer, não porque vai "pegar mal" se não doar ou porque a pessoa necessitada pediu insistentemente. Deve haver a motivação certa, que também não é lavar as mãos e dizer "Estou fazendo a minha parte". Não. Isso é jogar água pelo ralo. Doação deve ser algo propositivo, intencional.

A riqueza pode se tornar bênção ou maldição. Uma bênção pelo privilégio de compartilhar sustento a muitos. Uma maldição se nos agarrarmos a ela de tal forma que acabaremos no mundo da solidão. Devemos escolher o mundo da solidariedade em vez do mundo da solidão. "O amor ao dinheiro é a raiz de todos os males", diz a sabedoria bíblica. Quem é aquele que ama o dinheiro? É aquele que não consegue doar, e se agarra tanto ao dinheiro que acaba ficando só com o que ajuntou, perdendo todas as outras coisas e pessoas.

A pessoa que economiza não é avarenta, mas é a pessoa que se sacrifica, porque está se privando para si e para os outros, ao passo que o que não ajuda os outros é avarento. Quando somos econômicos, quando temos a consciência de ter prioridades, de saber o que queremos para a nossa vida, de negar a nós mesmos, de não atendermos a prazeres imediatos, quando programamos a nossa qualidade de vida e a de outros, pensamos globalmente e não somente egoisticamente.

Estamos todos interligados. Um é a mão direita, outro é a mão esquerda ou o pé. Se pego uma mão e a corto com uma faca, vou sujar as minhas mãos de sangue e jamais poderei contar com a mão que feri. Então, quando vejo a situação de alguém em um nível de consciência muito baixo, passando fome ou necessidade, e não faço nada, estou prejudicando o todo, porque também faço parte desse todo. Ele não é um outro, ele é uma parte de mim que está ali, é uma faísca divina, onde estamos todos.

Quando fazemos algo de bom ou de ruim, afetamos outras pessoas e interferimos nesse fluir das riquezas de Deus em nossa direção. E a prosperidade tem a ver com esse fluir. A Bíblia ensina isso claramente e, quando entendemos, aprendemos que a riqueza vem acompanhada da missão de atendermos a um propósito do Criador. "E todas as bênções virão sobre ti e te alcançarão quando ouvires a voz do eterno", diz o livro de Deuteronômio 28.2, escrito por Moisés.

Então, quando a bênção de Deus virá sobre mim? Quando irei atraí-la? Quando eu ouvir a voz do Eterno. E o que o Eterno tem a nos dizer sobre isso? Ele nos convoca. Se lermos todo o Antigo e o Novo Testamento, veremos que o propósito de Deus com todos, o tempo inteiro, é que ajudemos o órfão, a viúva e o necessitado, que são a representação dos vulneráveis do mundo (órfãos), daqueles que não podem sobreviver sem a ajuda de alguém (viúvas) e daqueles que não têm quem os defenda por estarem longe de sua terra (estrangeiros).

Assim, todo o propósito da nossa espiritualidade, de ir à igreja, de ler a Bíblia, de orar, de comer peixe na Sexta-feira Santa, de comer o pão sem fermento, de tomar o vinho, de cantar a Deus, de adorar, visa transformar o nosso interior e fazer de nós seres modificados, pessoas que ajudarão o órfão, a viúva necessitada, o estrangeiro refugiado.

Na minha experiência de vida, de pessoa que observa tudo à minha volta, o segredo multiplicador, o segredo que acelera a prosperidade, é ser o tipo de pessoa que faz essas coisas. Quando alcanço esse patamar, me torno um ímã da prosperidade, um agente de transformação a espalhar flores por onde passo, e não espinhos. O propósito amplo é impactar a realidade positivamente, é gerar transformação na sociedade de tal modo que influenciará outros nessas correntes do bem.

Então, para que você quer se tornar rico?

Quando entendi o propósito, foi como um acelerador na minha vida. Tenhamos clareza do propósito de sermos ricos. Não é pecado nem errado querer isso, mas é preciso entender o propósito.

Segundo a Bíblia, toda riqueza tem um propósito. Todos os homens ricos na Bíblia entenderam isso. Por que Deus escolhe alguém para ser rico? Ninguém, segundo a sabedoria milenar da Bíblia, fica rico por prediletismo, mas por entender o propósito para o qual Deus pode nos dar

VOCÊ NÃO PRECISA FAZER UMA ESCOLHA ENTRE RIQUEZA MATERIAL E PROGRESSO ESPIRITUAL; A FONTE QUE DÁ ORIGEM A AMBAS É A MESMA.

riquezas em abundância. E o propósito da riqueza é ajudar e doar ao próximo, não concentrar só em você para usufruir daquilo que adquiriu ao longo da vida. Então, se você quer ser rico, tem que entender que Deus não vai dar riqueza assim, escolhendo alguém para prosperar.

Quando Deus escolheu Davi para ser rei ou Salomão, que foi a pessoa mais rica de seu tempo, para o mesmo cargo, ou José de Arimateia, que doou um túmulo para depositarem o corpo de Jesus (e ter um túmulo escavado na rocha naqueles tempos era sinal de grande riqueza), ou as mulheres ricas que ajudavam Jesus em sua missão, em sua jornada na Terra, todos tinham um propósito claro. Salomão tinha clareza sobre os objetivos de Deus com as pessoas da sua sociedade. Quando Deus perguntou o que ele queria receber para ser rei, Salomão pediu sabedoria para conduzir adequadamente o povo de Deus. Por isso, Deus deu a ele a sabedoria que pediu e uma riqueza incalculável que nem mesmo ele jamais sonhou receber.

Essas pessoas da Bíblia tinham dinheiro porque iriam ajudar o reino, e esse era o propósito da riqueza para elas. E o que é o reino? É um espaço, uma condição aqui na Terra, onde ela é parecida com o céu. Por isso a Bíblia diz na oração do Pai-Nosso, "seja feita a tua vontade, aqui na Terra como no céu". Quando na Terra está acontecendo algo parecido com o céu, isso se transforma num reino de Deus, num reino dos céus, um pedacinho de lá aqui embaixo.

E isso acontece quando alimentamos o faminto, quando visitamos os presos, quando ensinamos a sabedoria herdada, quando compartilhamos, quando amamos, quando abraçamos os que precisam de consolo, quando cumprimos o nosso propósito. Pense sobre isso, pois é uma missão.

> Então os justos lhe responderão, dizendo: Senhor, quando te vimos com fome, e te demos de comer? Ou com sede, e te demos de beber?

E quando te vimos estrangeiro, e te hospedamos? Ou nu, e te vestimos?

E quando te vimos enfermo, ou na prisão, e fomos ver-te?

E, respondendo o Rei, lhes dirá: Em verdade vos digo que quando o fizestes a um destes meus pequeninos irmãos, a mim o fizestes.

Então dirá também aos que estiverem à sua esquerda: Apartai-vos de mim, malditos, para o fogo eterno, preparado para o diabo e seus anjos;

Porque tive fome, e não me destes de comer; tive sede, e não me destes de beber;

Sendo estrangeiro, não me recolhestes; estando nu, não me vestistes; e enfermo, e na prisão, não me visitastes.

Então eles também lhe responderão, dizendo: Senhor, quando te vimos com fome, ou com sede, ou estrangeiro, ou nu, ou enfermo, ou na prisão, e não te servimos?

Então lhes responderá, dizendo: Em verdade vos digo que, quando a um destes pequeninos o não fizestes, não o fizestes a mim.

Mateus 25.37-45

Ser rico é sobre ajudar, então, se não quer ter esse trabalho, desista da riqueza, porque ela vai trazer esse trabalho e você terá que ter clareza sobre isso, ser honesto sobre esse ponto fundamental.

O livro de Eclesiastes, também escrito por Salomão, diz que existem bênçãos vindas de Deus e prosperidade que vem de Deus, mas também existe riqueza que não vem de Deus. As riquezas que vêm de Deus têm as propostas e são duradouras, e não são como aqueles negócios que parecem cometas, surgem e se vão com muita rapidez.

Quando exercemos esse propósito de Deus, não falta nada por longo tempo, porque Deus é o maior interessado em que isso aconteça: que seus filhos sejam alimentados. E esses filhos são dele, não são nossos. E a partir do momento que cumprimos isso, nós entendemos o propósito para o qual ele dá a riqueza a uns e não a outros.

A filantropia é um tipo de doação. Vários investidores, como vimos, começaram a recrutar bilionários para financiar o compromisso de doar ao menos metade dos seus patrimônios para caridade em países necessitados ou para pesquisas na área da saúde, entre tantos outros propósitos e projetos. E essa doação poderia ser feita durante a vida ou por meio de testamento. Veja que iniciativa genial! Buffett chamou os seus amigos bilionários e propôs um pacto, chamado promessa de doação, em inglês, *giving pledge*. E esses bilionários se comprometeram a doar metade dos seus bens ainda em vida!

Então, devemos procurar ver o lado bom das coisas, e não somente falar mal das pessoas ricas, como muita gente faz, sem saber o preço que elas pagam e as coisas que elas fazem, enquanto não fazemos quase nada, mas criticamos. Doar metade dos seus bens, nesses casos citados, envolve bilhões de dólares.

Em 2024, foi noticiado que uma professora doou US$ 1 bilhão (cerca de R$ 5 bilhões) para pagamento das mensalidades de toda a turma na Faculdade de Medicina Albert Einstein, sendo uma das maiores doações recebidas naquela instituição.

Diante disso, doe. Se você batalhou contra algo e sobreviveu, deve ajudar os que agora estão lutando. Por anos em nossa vida nós lutamos muito; agora que conseguimos melhorar de vida, ajudemos os outros. Se você passou anos a fio tentando descobrir algo, por que não encurtar a curva de aprendizado de outra pessoa? Eu passei anos até elaborar isso, então, escrever este livro é uma forma de dizer: olha, tem um método com dez passos que, se você praticar, não precisará viver vinte, trinta anos para chegar a essa conclusão que eu cheguei.

Temos que nos ajudar. Portanto, fixe isso em sua mente, coloque como propósito seu, porque disso dependerá o fluir das bênçãos de

Deus até a sua vida e por meio dela, para alcançar outras pessoas, muitas outras pessoas.

Neste livro você viu que é possível chegar a um milhão de reais partindo de poucos recursos, se organizar a sua vida e der os passos que ensinei ao longo deste livro. Você quer e irá chegar lá! Mas lembre-se de que para cada milhão nós teremos uma missão.

Quando soube dessas situações de doações que relatei no último capítulo, me senti muito grato a Deus e elaborei a ONG Sementes do Amanhã, chamando pessoas para fazerem parte desse projeto. A ONG foi uma forma de agradecer a Deus pela boa vida que me deu, mas agradecer não só com palavras, não só com o coração, mas com ações concretas.

A ONG Sementes do Amanhã (https://www.ongsementesdoamanha.org.br/) surgiu em 23 de janeiro de 2005, é uma entidade sem fins lucrativos que tem por finalidade o desenvolvimento e a inserção social das crianças carentes dos municípios de Taboão da Serra (na Grande São Paulo), mas já estamos estendendo esse auxílio a outros municípios, como Cafarnaum, na Bahia.

Cada um de nós pode começar ajudando o mais próximo, pessoas como os pais, caso estejam passando necessidade, um parente, sobrinho, primo, tia. Comece pelas pessoas mais próximas a você. Depois dirija-se a um amigo necessitado, em seguida amplie para uma creche, uma ONG, uma comunidade, pois isso é o reino de Deus na Terra e é para ele que deve fluir a prosperidade recebida dos céus.

A generosidade, a positividade e essas virtudes só fazem parte de nossa vida, verdadeiramente, quando nós as praticamos. Não são os discursos nem as narrativas que nos fazem melhores, mas as nossas atitudes e ações reais, palpáveis e mensuráveis.

E a doação é uma atividade como a que desenvolvemos, assim como quando vamos a uma academia qualquer, e é a doação que dá músculos para a nossa generosidade.

Então, sendo as doações o segredo multiplicador e acelerador da prosperidade, eu encerro este livro encorajando você, a partir de hoje, a começar na prática da doação com 5% do que você ganha, colocando em mente para um futuro próximo chegar a destinar 10% de suas receitas para doação. Escolha pessoas necessitadas, que sejam próximas a você, ou uma instituição séria, que precise de sua ajuda (escola, asilo, creche, ONG ou outra). Faça esse compromisso diante de Deus e de você mesmo.

A prosperidade duradoura e real se mede a partir de um coração mais generoso, solidário, altruísta, voluntário, doador; e eu tenho certeza de que você será mais sensível a partir da leitura deste livro, porque a maneira de estarmos mais próximos de Deus é nos tornando mais parecidos com Ele. E isso não acontece somente quando rezamos ou oramos. Estamos mais perto de Deus quando fazemos as coisas que ele nos orientou a fazer. Orações e preces são meios, mas a garantia de que estamos perto de Deus é procurando ser parecidos com Ele.

Deus é puro amor e Deus é puro doador. Ele só quer doar e não quer nada em troca, não quer nem precisa de nada de nós. Nós é que queremos muito e precisamos querer muito. Então a forma de ficarmos próximos de Deus é por meio da semelhança de sua forma. Para suportarmos a luz, a energia tão elevada, temos que estar parecidos com Ele, elevando a nossa energia e purificando a nossa luz.

O SEU NÍVEL DE CONSCIÊNCIA É O FATOR DETERMINANTE PARA A QUANTIDADE DE PROSPERIDADE A QUE VOCÊ TEM ACESSO, INDEPENDENTEMENTE DA SUA PROFISSÃO.

CRESÇA E ENRIQUEÇA – DOUGLAS ARAÚJO

CONSIDERAÇÕES FINAIS

Você acabou de ver que é possível chegar a R$ 1 milhão partindo de poucos recursos, se conseguir organizar a sua vida e der os passos que ensinei ao longo deste livro. Agora você quer e irá chegar lá!

Espero que eu possa tê-lo ajudado a substituir as suas crenças limitantes por crenças de possibilidades; a perceber o seu nível atual de consciência; a subir de nível; a desbloquear a sua prosperidade, a imaginar um futuro digno, a fazer metas específicas, a ter autocontrole sobre os gastos; a adquirir o hábito de poupar; a ter um milhão de reais; a ser um investidor, e viver o segredo multiplicador.

Que o seu caminho prospere em tudo e que a sua vida seja transformada, dia após dia, para juntos construirmos uma sociedade melhor, mais justa, fraterna e próspera.

Que em breve você também possa estar compartilhando esses ensinamentos a outros, levando-os a trilharem essa mesma jornada e acrescentando novas lições que individualmente você terá, à medida que colocar em prática aquilo que eu compartilhei com você.

Foi com o coração aberto, a alma livre e a mente consciente que produzi este livro, e foi pensando em você, no seu bem-estar, na sua elevação espiritual e crescimento material, objetivando um bem maior: a vida humana.

O QUE GANHA A SUA ATENÇÃO ALTERA A SUA VIBRAÇÃO. TUDO A QUE VOCÊ DÁ ATENÇÃO FICA IMPREGNADO NO SEU INCONSCIENTE FORMANDO UM CAMPO VIBRACIONAL COMPATÍVEL.

CRESÇA E ENRIQUEÇA – DOUGLAS ARAÚJO